社会记忆和全球交流

Social Memory and Global Communication

张俊华 编

中国社会科学出版社

图书在版编目（CIP）数据

社会记忆和全球交流/张俊华编 . —北京：中国社会科学出版社，2010.11

ISBN 978 - 7 - 5004 - 9213 - 9

Ⅰ.①社… Ⅱ.①张… Ⅲ.①社会心理学—研究②社会发展—研究—世界 Ⅳ.①C912.6②D569

中国版本图书馆 CIP 数据核字（2010）第 202816 号

策划编辑 卢小生 （E - mail：georgelu@ vip. sina. com）
责任编辑 黄德志
责任校对 修广平
封面设计 杨 蕾
技术编辑 李 建

出版发行 中国社会科学出版社
社　　址 北京鼓楼西大街甲 158 号　　　邮　编　100720
电　　话 010 - 84029450 （邮购）
网　　址 http：//www. csspw. cn
经　　销 新华书店
印　　刷 北京君升印刷有限公司　　　装　订　广增装订厂
版　　次 2010 年 11 月第 1 版　　　印　次　2010 年 11 月第 1 次印刷
开　　本 710 × 1000　1/16　　　插　页　2
印　　张 11.5　　　印　数　1—6000 册
字　　数 163 千字
定　　价 28.00 元

目　　录

前言／1

第一章　社会记忆研究的几个基本问题／1

一　社会记忆——概念的界定／2

二　记忆研究的三个来源／6

三　文化记忆／9

四　媒体和记忆／13

五　结语／17

第二章　记忆问题的传播、国际化及全球化／19

第三章　信息通信技术与英国废除奴隶贸易 200 周年纪念：
**　　　　 是庆祝还是自责**／39

一　2007 年废除奴隶贸易 200 周年纪念／40

二　英国的记忆管理／42

三　200 周年咨询小组的构成／43

四　政府的作用／46

五　官方的版本／48

六　道歉和赎罪的问题／51

七　国际传播与影响 / 55

八　美国 / 57

九　结论 / 61

第四章　第二次世界大战的记忆在欧洲：记忆的结构 / 67

一　对欧洲记忆的讨论 / 67

二　因素 / 88

三　第二次世界大战的欧洲记忆？/ 90

第五章　摄影刻画的历史，市井生活与往事回忆：王安忆般说故事的人 / 94

一　摄影、历史和文化记忆 / 103

二　都市规划中的影像和故事 / 108

第六章　泰国南部的祖先记忆：人类学关于穆斯林和佛教徒共生的社会记忆的研究 / 113

一　引言 / 113

二　泰国穆斯林现状 / 115

三　穆斯林—佛教徒村庄里的日常习惯 / 116

四　案例：穆斯林转为佛教僧侣或尼姑的立誓仪式 / 122

五　总结 / 126

第七章　根与径：印度社会记忆中的英属印度分裂 / 132

一　共同根基 / 133

二　分裂之深影 / 134

三　印度关于分裂的林林总总的社会记忆 / 138

四　"径"：印度与巴基斯坦跨国交流的恢复重建 / 141

五　跨国交流产生的社会记忆转型 / 144

六　英属印度的分裂与网络空间 / 146

第八章　构筑全球记忆／150

　　一　引言／151

　　二　何为世界记忆项目？／152

　　三　卓著成效／154

　　四　深度剖析／162

　　五　可能性与偏见／164

　　六　结语／165

作者简介／169

前　言

社会记忆研究的系统化和全球化，是 20 世纪 80 年代以来人类社会研究的一个新亮点。它大大地促进了人类对自己所记载的和正在记载的历史全面的反思。早在一百多年前，哲学家尼采就指出："每个人和每个国家都需要对过去有一定了解……这种需要不是那些只旁观生活的单纯的思考者的需要，也不是少数渴望知识且对知识感到满足的人的需要，它总是生活目标的一个参考，并处于其绝对的统治和指导之下。这是一个时代、一种文化和一个民族与历史之间的天然联系。……只有为了服务于现在和将来，而不是削弱现在或是损坏一个有生气的将来，才有了解过去的欲望。"① 尼采在这里实际上提出了社会记忆三个不同时间维度的联结点：过去②—今天—将来。

所谓的历史远远不是一个简单的事实。在人们称某些在过去发生的事件为历史时，这些事件必须具有一定的特点，即它们能把过去和今天以及将来连接在一起。只有这种连接着三个时段的历史，才是有意义的历史。记忆是跟过去关联在一起的。它是人们了解自己的经历（不管是直接的还是间接的）的一个重要门槛。正是通

---

① 尼采：《历史的用途与滥用》，上海人民出版社 2000 年版，第 25 页。

② "过去"（past）是指未经人们的记忆或历史学家"加工"过的某一时段发生的事。

过记忆——个体的和群体的，人们才能意识到过去对今天以及对今后的意义。

在现实社会，一个人的身份，一个民族的自我认同，无不与这个人、这个民族对自己的过去的记忆有关。"在塑造自己的身份时必然要求我们找出能说明我们认为这是我们的一连串事件。在这样做的过程中，我们从无数的经验中筛选一些我们认为可面对今天的事实，同时我们又根据事实的重要性来决定我们的筛选。记忆就是这个筛选作业后的产物。没有忘却就没有记忆。"① 从记忆规定身份（identity）这个角度看，应该记住什么，忘却什么，就不仅仅是一个纯技术性的问题，也不仅仅是"记忆的策略"的问题，而更是反映了这个人或这个民族现实的需求，也反映了该人或该民族面对过去的道德责任和勇气。这种记忆的需求和面对过去的道德责任，以及在此基础上产生的记忆，规定了这个人或这个民族怎么看自己以及希望他人怎么对待他/它。

过去与现在的联系，除了在身份问题上体现出来外，还表现在"和解"（reconciliation）过程中。不论是第二次世界大战（比如日本侵略亚洲各国），还是中国的"文化大革命"，抑或是南非的种族隔离制度，都存在着一个受害者与害人者的问题。从长远的观点看，"和解"是人类文明发展的一个必然趋势。"和解"意味着人们在调整着自己的记忆，但是，这里的关键问题是我们应该如何主动地去忘却和记住一些事实，忘却和铭记的前提什么。当然，和解的前提不仅是一个记忆和宽容的问题，也是一个应有的公道和惩罚的问题。

记忆中把过去和将来两个维度的联系表现为一个人、一个群体或一个社会对将来的期待。没有对自己的过去的把握，则很难对自

---

① Alessandro Cavalli, "Reconstructing Memory after Catastrophe", in Jörn Rüsen (ed.) Meaning and Representation in History, Berghahn Books, New York, 2006, p. 170.

己的未来有一个充满意义的期待。所谓的希望也就是产生在这样一个"期待的空间"（erwartungsraum），而这期待的空间的大小是由记忆内容以及容量来决定的。

通过以上几个方面简单的阐述，我们会意识到，很多问题，如果要展开的话，那会成为一个巨大的工程。事实上，社会记忆的研究是一个巨大的工程。工程之巨大体现在它需要一种跨学科的研究，同时也体现在它具有很大的实践性。它不仅是社会政治精英和知识精英关心的焦点，也是每个成熟的公民必须思考的问题。工程巨大还体现在，在理论层面要做的事依然很多。

纵观社会记忆研究的历史，人们大致可将其分为两个阶段。第一阶段主要在 19 世纪末 20 世纪初，不同领域的著名学者已经对文化、社会和记忆之间的互动有了密切的关注。西格蒙德·弗洛伊德（Sigismund Schlomo Freud）、亨利·柏格森（Henri Bergson）、爱弥儿·涂尔干（Émile Durkheim）、莫里斯·哈布瓦赫（Maurice Halbwachs）、阿比·沃伯格（Aby Warburg）、阿诺尔德·茨威格（Arnold Zweig）、卡尔·曼海姆（Karl Mannheim）、费雷德里克·沃尔特雷特（Frederick C Bartlett）以及沃尔特·本杰明（Walter Benjamin），都在社会记忆问题上作过非常精彩的论述。当然，这里还是首推莫里斯·哈布瓦赫的理论。

社会记忆研究的第二阶段与所谓的"记忆大爆发"几乎是并行的，跟我们现在的距离伸手可触。其中以法国流派、德国流派和北美流派最为引人注目。前两个流派在本书第一章和第二章里都有比较详尽的阐述，这里不再一一列举。值得一提的还有尼克拉斯·卢曼（Niklas Luhmann）。由于卢曼把他关于社会记忆的分析编织到他自己的精密而又庞大的"体系"理论之中，使得许多人望之生畏。但他确是开辟了欧洲社会记忆研究的另一条途径，故值得关注和研究。最后，必须特别提一下的是第二阶段对社会记忆的研究，已经超越了欧洲之地域。在北美，近几年出现了几个像凯洛

琳·科齐（Carolyn Kitch）、爱德华·凯西（Edward S. Casey）等
学术新星，而且研究的风格和焦点与欧洲大陆很不一样。

　　本书是笔者在 2008 年冬季在浙江大学组织的国际研讨会的基
础上诞生的。研讨会题目是：社会记忆和全球交流。该研讨会试图
探索两种不同方向的社会记忆之间的互动：一种是面向自己国家的
或民族的记忆，即民族国家的记忆；另一种则是面向他国、他民族
的记忆，也可称国家或民族之间的记忆，或全球记忆。后者直接影
响民族国家的外交政策和该民族对其他民族的整体印象和态度。应
该看到，随着全球化的深入，交通通信技术的发展，一方面，各民
族各地域之间似乎在某些方面的记忆愈加趋同；另一方面，也正是
交通通信技术的发展，使得一个民族一个国家内的社会记忆愈加碎
片化。而各个国家政治制度的不同，也给不同民族国家间的记忆造
成了隔阂。这一切，自然就影响了全球不同层面的交流。尽管莱维
（D. Levy）和斯赞纳伊德尔（N. Sznaider）两个学者认为，全球化
和当代信息技术的发展使得从国家记忆文化到世界记忆文化的转变
成为可能。世界主义已不是幻想。这里的世界主义是指对全球的关
切已经成了各国人民的地方经验①。但客观上，上述两个不同的方
向的发展都在不断强化。

　　本书跟当初的研讨会设想一样，并没有要大谈宏伟的理论
（Grand Theories）或建立宏伟的理论之野心，而是把焦点放在以下
几个方面：

　　第一，任何社会记忆包括个人记忆，都是选择后的结果。基于
这个前提，本书要探讨的就是，这个选择的原则和标准是什么，它
们是如何随着时空的变化或者文化背景的不同而变化的。

　　第二，不管一个国家内占主导地位的社会记忆如何，客观上一

---

　　① D. Levy/N. Sznaider, "Memory Unbound: The Holocaust and the Formation of Cosmo-
politan Memory", *European Journal of Social Theory* 5 (1): 87 – 106, 2002.

直都存在着正式的和非正式的、官方的和非官方的、公共的和私人的记忆的对峙或共存。这种对峙与共存现象在现代通信技术的大众化后，或是在非政府组织和其他社会组织大量出现后更加得到了强化。而这种对峙或共存在社会记忆研究的鼻祖莫里斯·哈布瓦赫的理论中，显然没得到应有的重视。无论在民主国家还是非民主国家，两种不同努力都可以观察到：从官方那里可以观察到一种自上而下地创建主流语义学的努力；而在非官方层面，也能感受到自下而上地、溪溪流水式地形成的日常的话语，并在此基础上，形成了一种冰山尖下的、似乎是非主流的语义学①。

第三，鉴于社会记忆研究在学科领域的多样性（政治学、哲学、文化学、人类学、民族学等），同时又鉴于这些领域在社会记忆研究中本身的界线的模糊性，要很清晰地把社会记忆研究归入某一学科是不可能的。但是，即便如此，仍然有必要从某一学科出发，努力地勾画出不同的记忆方式，以及它们会如何引起不同程度的"社会忘却"（social amnesia）②。这也是本书作者所做的努力。

第四，在全球化过程中，社会记忆研究的重要性愈加凸显。现代通信技术的发展，互联网的普及，商业化程度的加剧，使得不管在西方还是在东方，都出现了一种快餐式的记忆——记得快但也忘得快。在经济尚不发达地区，普通公民由于"结构上的剥夺"不可能有闲心来参与社会记忆（哪怕是社区记忆）的建设。这样就更为快餐式的记忆提供了市场。从这一点来说，社会记忆研究本身就有弱化这种快餐式记忆的蔓延的功能。

总之，社会记忆研究涉及的内容一方面有理论的探讨，另一方面需要实证的分析。两者可以用下面一个问题来说明："是谁要谁

① 参见 Michael Boyden, The Ideological Function of Illustrations in American Literary Histories, Image & Narrative, 2001（www. imageandnarrative. be/illustrations/michaelboyden. htm）。

② 此概念来自 Peter Burke 的著作。参见 History and Historians in the Twentieth Century, Oxford：Oxford University Press, 2002。

记住什么，如何记，为什么?"本书各章正是在上述框架下，由来自不同地区和国家的学者在研讨会的基础上完成的。

张俊华在第一章中介绍了探讨社会记忆的定义问题，同时批判地审视了德国主流学者在这方面的论述，讨论了社会记忆研究在社会科学和人文科学里的框架和范围。法国的玛丽—克莱尔·拉发布勒在第二章里，从三个不同的层面介绍了社会记忆及其研究的新趋势，并从法国的语境出发，对记忆的概念作了相当精微的、多视角的解析。同时，作者用国际视野，提出了当前社会记忆研究的方向。英国的克里斯多夫·R.休斯在第三章里，以英国废除奴隶贸易 200 周年纪念为例，探讨信息通信技术在塑造社会记忆时的作用，剖析了官方的记忆管理机制和作用。同时又在记忆和道歉、赎罪的互动方面作了令人深思的论述。在第四章，德国的克里斯迪安·古德胡斯介绍了其研究项目的成果，探讨了在欧洲几个国家里是否可能建立欧洲记忆的问题。同时，比较有创建性地提出了元叙述的理想—典型模式，从方法论角度来看，非常值得借鉴但也值得进一步推敲。第五章由美国的王斑教授撰写，王斑在影评和文学评论界颇有建树，他首先从后现代理论高度解析了美国观众对第三世界国家的影片期待，描述了艺术家在构建社会记忆中与受众的互动，随后，他转向中国的视影和文学界特别是王安忆的作品，评述他是如何创造性地建立上海记忆的。在第六章日本的西井凉子从人类学的角度，以一个特定的祖先仪式为起点，描述了泰国南部村庄里的一些人对于旧时的关系的记忆，证明了个体并非被动地接受着社会的集体记忆。在第七章里，奥地利的克里斯蒂安·哈特奈克，从历史的渊源出发，描述并分析了印度、巴基斯坦和孟加拉国三国社会记忆的现状和走向。在第八章里，泰国的汝加亚·阿卜哈廓尔恩首先介绍了联合国教科文组织 1992 年启动的"世界记忆"项目，从中探讨在保留各民族文化的同时如何促进不同地域间多样的记忆的趋同。无疑，多样性和趋同是多元主义和世界主义在记忆潮流中的表现，如何在两者中找到平衡，是一个值得思考的问题。

最后，我在这里首先要感谢亚欧基金会（Asia – Europe Foundation）的资助，使得研讨会得以成功举行。同时也要感谢德国时代基金会（Die Zeitstiftung）对本书出版的支持。当然，要特别感谢曾庆伟和张灵两位研究生在本书的校对和技术处理上付出的辛劳。值得一提的还有忻华和藤超两位先生对本书部分章节翻译的协助。没有以上提及的机构和人员的努力，本书的出版是不可能的。

2010 年 8 月于浙大西溪校区

第 一 章
社会记忆研究的几个基本问题

　　社会记忆现在（至少在西方）已成了人文科学和社会科学里一个重要的课题。社会记忆的范围和性质从一开始就决定了它是一项跨学科的研究。源于欧洲大陆、而后在北美也得到广泛传播的社会记忆的研究，历史并不长，但西方学者毕竟比中国先走了一步，而且研究日趋精微深入，跨学科的幅度也越来越大。

　　从根本上来说，在人文科学和社会科学领域里的社会记忆研究，旨在寻找以下问题的答案：过去、记忆（个人的和社会的）和历史三者关系如何？过去在今天是如何被"更新"、记忆的？人们按照什么原则使过去成为今天具有某种纪念意义的东西？在这个转化过程中，人们使用什么样的媒体，为什么？

　　上述问题的提出，有两个背景。一是冷战之后的欧洲在90年代对社会记忆研究达到了前所未有的高潮，法国的历史学家同时也是著名的社会记忆研究学者皮埃尔·诺拉（Pierre Nora）就这一现象指出，那些原先是社会主义制度的东欧国家，在很长的时间内，本该"正常发育"的记忆被压抑着，冷战后才得以喷发。另外，一些新的民族国家，面临着通过重建自己的民族记忆以及确定自己民族的身份的任务。另一个原因是互联网作为一种新的媒体的出现。这无论对构造社会记忆的规模、速度以及质量都具有深远的影响。当然，欧洲各国后现代批判精神也导致越来越多的学者注重历史的真实性和延续性，进而重视社会记忆的研究①。

本章试图讨论社会记忆研究中的一些基本概念和框架问题。鉴于社会记忆研究本身的多学科性，同时历史又比较短暂，从全球层面看，有些基本概念至今尚未获得学术界的一致认可。近几年来，学界的切磋辩论在某些方面已有趋同，但仍然有必要从头开始，对一些基本问题进行思考。

一　社会记忆——概念的界定

在研究社会记忆问题时，不少学者由于自己的偏好或者对某一问题的刻意用心，出现了似乎同样在讨论社会记忆，却使用了不同的概念的现象。社会记忆研究的鼻祖，法国社会学家莫里斯·哈布瓦赫（Maurice Halbwachs）首先用的是"集体记忆"（collective memory），德国的古埃及学家阳·阿斯曼（Jan Assmann）则用"文化记忆"（cultural memory），以此创造了自己的社会记忆研究体系。后来的学者在研究社会记忆时也用"公共记忆"（public memory）或者是专用侧重于整个社会的社会记忆（societal memory），目的是要同一般层面上的强调社会中互动性的社会记忆（social memory）有所区别。应该承认，不同概念的运用本身就是包含着使用者不同的侧重点和个性特点，但很可能会产生一定的误解和混乱。

对此，美国哲学教授爱德华·凯西（Edward S. Casey）试图避开这些概念的复杂的渊源，给个人记忆、集体记忆、社会记忆和

---

① 参见 Pierre Nora（2002），Reasons for the Current Upsurge in Memory, in：http：//www. eurozine. com/articles/2002 - 04 - 19 - nora - en. html？filename = article/2002 - 04 - 19 - nora - en。

公共记忆分别作出界定：

（一）个人记忆

凯西认为，在个人记忆中，个人永远是记忆的载体。个人的记忆往往不仅包含着"什么"，同时也能记住该事件如何发生的以及具有事件类比的能力。但是，任何个人记忆的行为本身既是个人主体的，也是主体间（intersubjectivity）的。换言之，个人记忆不仅存在于记忆主体的脑海里，同时也存在于互动的主体间范围里。由此可看到它与下面要描述的不同种类的群体记忆是相互依存、相互联系的[①]。

（二）社会记忆

按照凯西的理解，社会记忆的载体则体现在一群人中，这些人由于某种关系而建立了一种有形的或无形的联系。或者是因为亲属关系纽带联系在一起，或者是由于地理上的原因相互比较集中，比如在同一街区、同一城市或区域，或者是由于职业上的原因而聚集在一起。这些人分享着某种记忆，因为他们之前就有了一种血统联系，抑或是地理上的或职业上的纽带[②]。

正是因为有着这样的纽带和联系，这些人的社会记忆并不一定是公共的。家庭、街区、城市或区域只是"存放"他们的记忆的地域概念，许多家庭记忆就是私人性的，并无向外声扬之意。社会记忆载体某种意义上的排外性，使社会记忆本身有着塑造"身份"（identity）的功能。

（三）集体记忆

与社会记忆不同，集体记忆的载体并非是有着某种纽带联系的。他们可能相互之间并不认识，更确切地说，相互之间没有任何

[①]　Edward S. Casey, Public Memory in the Making – Ethics and Place in the Wake of 9/11, 2004, pp. 5 – 6. see. http：//www. stonybrook. edu/philosophy/faculty/ecasey/articles/Public_ Memory_ in_ the_ Making. pdf.

[②]　同上书，第6—7页。

亲缘或地域上（同一个街区等）的联系，但他们可以用完全不同的形式，各自追忆同一事件或人物。他们的时空的"坐落"和"根源"远比社会记忆的群体松散，但正是因为怀念或追忆的是同一事件或人物，以及记忆内容的同一性，使得他们之间形成了这种"集体"。这种记忆往往可称为"闪光灯式的记忆"（flashbulb memories）①，这种记忆具有鲜明性、准确性和持久性的特点。事件时的具体细节，诸如听到事件的时间、地点；当时和谁在一起；正在做什么；听到事件时有何感受等，对记忆的人来说难以忘却。很多美国人对"9·11"事件的记忆，或是对肯尼迪总统被谋杀的记忆，就属于这一范畴。

与社会记忆不同，凯西认为，集体记忆并无塑造记忆者身份之功能，因为集体记忆是分散型的，同时也是以匿名方式体现出来的。集体记忆的主体并没有像社会记忆的主体那样相互之间有联系。

（四）公共记忆

凯西认为，公共记忆可以通过两个特征来描述。一是该记忆的内容必须涉及对广大的公众来说是一种具有震撼性的事件，这些事件会成为人生的转折点。二是公共记忆必须有一个重要的"辅助性的工具"，即一个纪念的地方或一个纪念碑等。因为公众正是借助于这样一个地方，比如如今在纽约曼哈顿的归零地（Ground Zero，即"9·11"事件发生地），才使得某个事件得到追忆②。

尽管凯西对上述概念努力地作了区分，而且部分描述也有原创性，但显然还有不尽如人意之处。

首先，我们看到，他对社会记忆载体（即记忆者）在"量"

---

① "闪光灯式的记忆"这个概念源出自美国心理学家 R. Brown and J. Kulik, "Flashbulb Memories", *Cognition*, 1977, Vol. 5, 第73—99页。

② 爱德华·S. 凯西，2004年，第5—6页。

方面的规定还是模糊的。因为一旦其范围大到像他所说的一个城市（如上海）或一个区域，那记忆者之间的关系完全可能跟他所说的集体记忆的载体那样松散。如果是这样，对社会记忆和集体记忆载体的界定岂不就成了问题？

其次，常识告诉我们，作为群体记忆的载体一旦在其内容上和价值观上对某些历史事件有一种"共识"，则不管他们之间的联系是松散的还是紧密的，都可能在记忆的人之间塑造一种共同的社会身份（social identity）。换言之，共同身份的塑造与记忆载体的排外性可能有联系，但这里没有必然的联系。

最后，符合公共记忆的两个条件（如上所述）也可能跟集体记忆和凯西所提到的社会记忆和集体记忆有重叠。如果是这样，公共记忆与其他类型的群体记忆界限就不总是明显的。或者在某种程度上说，公共记忆在一定条件下也可能是集体记忆或社会记忆的同义重复。

笔者在此想通过凯西所尝试的描述，展示上述表示和群体记忆有关的一连串概念界定的困难之处。为了方便讨论，不妨用"社会记忆"（social memory）来描述所要谈论的群体记忆，这个群体的规模小至一个社区、一个家族，大至一个阶层、一个社会。它一般具有如下特征：

第一，它不仅是群体的，同时记忆的载体由于其数量已有相当规模，所以在一个社会里有一定的代表性和可指性（identifibility），它也许甚至是一个社会中对某一历史事件占主导地位、似乎已根深蒂固的记忆。比如说我们当今所谈论中国社会的80后或者90后对超女的记忆，或者在中国20世纪50年代前后出生的人对红卫兵和上山下乡的记忆。

第二，它有塑造记忆载体群体身份的功能。那些对记忆的事件或人物有比较一致的价值认同的群体，很容易产生一种"我们"感。正是这个"我们"才同"我们"以外的群体有所区别，甚至会有很大的区别。中国大陆的人对"中华民族"象征性的联想，便属于此类。

第三，社会记忆有其持续性。它的产生是个漫长的过程，一旦形成，要改变这种社会记忆则远非一朝一夕之事。

第四，社会记忆对人们的行为和决策有着不可低估的影响。这种影响有时是明显的，而更多的时候是隐晦的、下意识的。不同的群体对似乎是同样的"过去"，明显有着不同的"故事"，而这不同的故事，则限定着这些群体的思维方式和行为方式，甚至限定了他们对未来的设想。2008年北京奥运前，中国和西方一些国家在对西藏"3·14"事件后之所以有不同的反响，除了现实政治因素之外，笔者认为，两个"阵营"对达赖喇嘛的不同的社会记忆在对"3·14"事件后的不同反应起了很大的作用。在西方人，特别是欧洲人记忆中的达赖喇嘛是一个虔诚和具有幽默感的藏佛的宗教领袖，一个诺贝尔和平奖的获得者。而对中国的公众来说，特别是年轻一代，达赖喇嘛则是一个农奴制的头目和拥护者，或者是主张分裂西藏的代表。这两种不同的图像，在媒体的"蛊惑"下，很容易产生冲突。

二 记忆研究的三个来源

社会记忆的研究始于欧洲，最初由三个不同的来源组成。第一个来源是哈布瓦赫的"集体记忆"理论，这是社会记忆研究的主要的来源。

法国社会学家哈布瓦赫可以被称为社会记忆研究的鼻祖。在他之前，研究社会记忆的焦点都放在记忆的生理遗传条件或是心理条件上。在达尔文社会进化论的影响下，当初对非欧洲民族的社会记忆的研究，很容易给殖民主义者和种族主义者提供理论基础。从这一点来说，哈布瓦赫观点是颠覆性的。他认为，个人的记忆是社会决定的。而集体记忆则是与个人记忆分开的，集体记忆是可共享的，可传递给后人的，是现代社会或一些团体所为。哈布瓦赫所关心的是个体记忆与社会的框架到底是怎样一种关系。"只有在社会人们才能获取他们的记忆。也只有在社会里人们才能回忆，认同其回忆以及使记忆找到自己的位置。"①　换言之，人的记忆只有在社会化过程中才能形成，这个社会化过程也就是个人记忆对集体记忆的诉求和认同过程。集体记忆存在于家庭、宗教团体或者不同社会等级中。个人记忆是集体记忆的一分子，然而，一个人同时可以在不同的集体记忆中找到他的位置。集体记忆包含着无数的个人记忆，但不是跟它们掺和在一起②。

应该说哈布瓦赫对集体记忆的思考是对他的老师爱弥儿·涂尔干（Émile Durkheim，1858—1917）思路的延续和扩张。后者在其《宗教生活的基本形式》（*The Elementary Forms of the Religious Life*，1912）中对纪念礼仪有了详尽的论述③。这为哈布瓦赫提出集体记忆的理论奠定了基础。然而，哈布瓦赫在其理论构造中明确了"历史"和"集体记忆"针锋相对的关系。历史不等于集体记忆。"历史"是"死"的、抽象的、整体化的；集体记忆则是"活"的、充满意义的、有特性的。哈布瓦赫理解的记忆是实际确实发生过的事情，而历史则是历史学家对认为值得记忆的事件的主观再现。但是，历史和集体记忆也是有联系的。历史和集体记忆共同构

---

①　Maurice Halbwachs, *On Collective Memory*, Trans. and ed. by Lewis A. Coser, Chicago: University of Chicago Press, 1992. p. 38.

②　Maurice Halbwachs, *Das Gedächtnis und Seine SAozialen Bedingungen*, Berlin, Neuwied: Luchterhand, 1966.

③　关于涂尔干对集体记忆的论述以及学者的评论请见 Barbara A. Misztal, Durkheim on Collective Memory, in *Journal of Classical Sociology*, Vol. 3 (2): 123 – 143, July 2003（参见 http: //club. fom. ru/books/misztral04_ 4. pdf）。

建了人类过去与今天的联系。历史作为被动的过去与今人没有"有机的联系"，而集体记忆是积极的过去，它能塑造人的身份。集体记忆本身又是"借助于今天的数据对过去的重新建构。[①]"

特别值得一提的是，哈布瓦赫在对集体记忆研究中从马克思那里接受了一种批判精神。他对记忆（gedächtnis）和回忆（erinne-rung）的区分是对社会记忆研究的又一个重要贡献。在这里，记忆是结果，回忆是过程。哈布瓦赫认为，从整个社会层面来说，回忆自始至终是有选择地进行的。人们的回忆就是这样因为社会需要而重新构建的。哈布瓦赫这里用社会二字暗指具有权威的势力。这一倾向在他后期在柏林研读马克思主义理论时更显突出。既然个人回忆的前提是社会需要，记忆是回忆的结果，那记忆也必然充满瑕疵。记忆是社会回忆过程中的重新构建，是一种社会行为。换言之，记忆本身和它所涵盖的事件本身之间有很大的差异。也就是说，在记忆的构建过程中，事件有所丢失，也有所补充，但作为回忆的结果即记忆和曾经发生过的事件绝对不是等同的。回忆是"有策略的"，社会的"忘却"和记忆有一部分是迎合了当权者或者是社会势力强大的利益集团的某种需要[②]。

尽管哈布瓦赫在忘却这个问题上并没有太多的阐述，但他回忆的策略的提示，为后人对执政者的"记忆政策"的批判提供了一个重要的契机。

代表第二个思潮来源的是英国心理学家弗雷德里克·巴特利特（Frederick C. Bartlett）。巴尔特利特在他 1932 年发表的关于记忆的专著里指出，人类的记忆过程实际上是一个对过去的总结和重新梳理的过程。一个人首先是"重新收集"已发生的事件，然后重组

---

①　Halbwachs, Maurice, 1992, *On Collective Memory*, Trans. and ed. by Lewis A. Coser, Chicago: University of Chicago Press, p. 40.

②　参见 Martin Zierold, Gesellschaftliche Erinnerung – Eine *medienkulturwissenschaftliche Perspektive*, Berlin/New York, Walter de Gruyter, 2006, 第 66 页。

自己的记忆，在这重组的过程中，他会经常增加或改变某些细节①。

　　社会记忆研究的第三个来源是德国学者阿比·沃伯格（Aby Warburg）。沃伯格出生在德国的一个犹太人家庭。他的专业是历史。社会记忆的概念首次出现在他 1923 年的克瑞兹林尔讲座（Kreuzlinger Lecture）稿件里。沃伯格注重跨学科的研究。他最有名的观点就是历史学家在学科各个领域不能陷入"边境警察的束缚"（grenzpolizeiliche Befangenschaft）②，即应该超越自己的学科界限。沃伯格对社会记忆研究的贡献，在于给后人留下了很多有启示性的思想火光，但并没有系统性的、一目了然的理论。沃伯格认为，记忆作为艺术性地塑造过去的过程，是可见的也是可读的。他其中的一个贡献就是他在不同形式的文化语言和记忆中间建立了桥梁。在他著名的《记忆女神图片地图册》（*Der Bilderatlas Mnemosyne*）项目中，他尝试着以记忆女神的精神为起点，提出了在文艺复兴时期如何会有如此辉煌的古典图像的复原这样一个问题，并努力寻找其答案。他断定在艺术里面有一种唤起记忆的力量（überlegenskraft）③。

三　文化记忆

　　在前面提到的三位社会记忆研究的奠基者中，哈布瓦赫的主导

---

　　①　参见 Frederick C. Bartlett, *A Study in Experimental and Social Psychology*, Cambridge, 1932。

　　②　Astrid Erll, Cultural Memory Studies: An Introduction, p. 8. 参见 Astrid Erll / Ansgar Nünning, Cultural Memorz Studies – An Internatioinal and Interdisciplinary Handbook, Walter de Gruyter, 2008.

　　③　参见 Stephanie Himmel, *Von der "bonne Lorraine" zum globalen "magical girl"*, V & Runi Press, 2007, 第 34 页。

地位当然是无可争辩的。哈布瓦赫去世后，他的学说很长时间并不为世人所知。这个境况，直到他关于集体记忆的手稿 60 年代在法国整理出版，才有根本的改变。90 年代以来，在德国出现了哈布瓦赫思想的复兴运动，领导这场运动的是两个学者叫阳·阿斯曼（Jan Assmann）以及其妻子爱蕾达·阿斯曼（Aleida Assmann）。阳·阿斯曼是古埃及学家，而爱蕾达·阿斯曼是英语语言学家。阳·阿斯曼在学界更为出名。他提出的"文化记忆"（Kulturelles Gedächtnis）这一概念，一方面继承了哈布瓦赫的"集体记忆"精髓，另一方面也是对前者重要的补充。应该说，这一对学者夫妻对推动欧洲大陆社会记忆的研究，作出了不小的贡献。如果说，在英语世界人们更多地使用"社会记忆"这个概念，在德语区里的记忆研究（memory studies）专业文献里，阿斯曼的"文化记忆"似乎用得更频繁。阿斯特立德·鄂尔（Astrid Erll）认为，这里的原因主要是："文化"是德国文化学研究（Kulturwissenschaft）以及人类学里一个重要概念，况且文化在这个意义上被认为是社会/社区的特殊的生活方式，一个自己编织的意义的网络。并且，"文化记忆"这个概念把以下两者联系起来了：一方面是记忆和记忆术（mnemonics），另一方面是社会和文化的具体环境和塑造记忆的条件①。由此看来，这里的"文化"概念远远超过了其一般意义范畴。

阳·阿斯曼认为，哈布瓦赫仅仅提出了记忆产生须有跟他人和社会的互动，但是，这里还需要一个文化的基础。与上面对应的，阿斯曼对文化的理解显然比一般其他语言区域的人要宽得多：人的意识、语言、人格，都属此类。同时，社会环境和人的内部的私人生活，也属此类②。作为一个社会活动过程，文化记忆指的是"对

---

① Astrid Erll / Ansgar Nünning 2008，p. 4.

② Jan Assmann, *Religion and Cultural Memory*: *Ten Studies*, Standford University Press, 2005, pp. 1 – 2.

过去社会的、建构式的理解"①。人们在回忆中对过去进行重新构造，这个过程中不同表现的汇总被他称为"回忆文化"（Erinnerungskultur）。在这个文化中，各个不同的社会群体最关心的问题就是什么东西是不能忘却的。所谓的集体观念和身份是在回答这些问题时塑造起来的。阳·阿斯曼认为，回忆文化可分成两种类型：

一种是生平回忆。但这所谓的生平回忆并非指个人的经历，而是一个人能和他的同时代的人一起享用的记忆。这种生平回忆的时间跨度一般不超过三代人。其内容大多是不太遥远的过去。

另一种与"生平回忆"对应的是"根基式的回忆"（fundierende erinnerung）。前者的内容是新近发生的事件，而后者则是指遥远的、对后人具有影响力的事件或事实，比如一个民族神话里面的创世史；"生平回忆"的对象是非正式的，而"根基式的回忆"的内容却有其"庄严、非同寻常"的特点；"生平回忆"的时间跨度80—100年，而"根基式的回忆"包含着整个神话中远古时代。阳·阿斯曼认为，在文字出现之前，这两种回忆几乎是吻合的。随着文字记录的出现，这两者的距离愈益拉大。

上面两种不同的回忆强调的是人们形成记忆的过程，作为这个过程的结果，阳·阿斯曼引进了"交流记忆"与"文化记忆"一组概念。文化记忆有一种储存的功能，而交流记忆则具有现时的日常记忆的功能。"交流记忆"和生平回忆属于一个层面，或者说，它体现了生平回忆的所有结果，而文化记忆则与持续性回忆同属一个层面。两者在一起构成了所谓的"集体记忆"。正是这种集体记忆才构成了社会群体的身份②。

---

① Jan Assmann, Das kulturelle Gedächtnis, Schrift, Erinnerung und Poliitsche Identität in Frhen Hochkulturen, Müchen: C. H. Beck 2002, p. 47.

② Jan Assmann / John Czaplcka: Collective Memory and Cultural Identity, in *New German Critique*, No. 65, *Cultural History/Cultural Studies* (Spring – Summer, 1995), pp. 126 – 127.

严格地说，阳·阿斯曼在谈论"交流记忆"与"文化记忆"的时候，与前面提到的"生平回忆"和"根基式的回忆"的区别是模糊的，或者说可互换的。如果是可互换的，那就难以体现两组概念的精微区别。

爱蕾达·阿斯曼在她丈夫理论框架范围内，对文化记忆作了一个更细微的分类。她认为，随着文字的出现，社会记忆的选择性以及偶然性日趋明显，这样，文化记忆本身具有的两种不同功能也体现出来了。第一功能被她称之为"存蓄式记忆"（speichergedächtnis），第二个则叫做"功能性记忆"（funktionsgedächtnis）。

"存蓄式记忆"指的是迄今为止所有的关于历史的传述的记载。它与人们的"今天"并非有直接的联系，但它以档案、文献、图片或其他形式存在着，这些资料并非人们日常所需。从这一点来说，它们似乎给人有种过时的感觉。但一旦人们需要时，便可以随时随地获取它们①。

与此相反，功能记忆则不是静态的，而是与今天和将来有着密切的联系。爱蕾达·阿斯曼认为，这种联系体现在三个方面：第一是"合法化"，即执政者通过重构历史记忆来为自己现有的政权的合法性辩护。第二是"去合法化"。爱蕾达·阿斯曼的思路是，既然官方构造的社会记忆是权利的表现，那在非官方的层面肯定也会有使用记忆达到去合法化的努力。换言之，有执政派构造的社会记忆，必然也会有反对派塑造另外一种社会记忆的努力，已达到推翻统治政权的目的。第三种是功能记忆的"辨别功能"，即利用记忆来区别"我们"和"他们"，从而建立一个群体或民族的身份②。

---

① Aleida Assmann, Erinnerungsräume, Formen und Wandlungen des Kulturellen Gedächtnisses, München: C. H. Beck, 1999, pp. 130 – 137.

② 同上书，第130—137页。

综上所述，阳·阿斯曼和爱蕾达·阿斯曼努力地把哈布瓦赫的集体记忆理论阐述得更完善、更细腻。他们的思路可以用下图来表示。

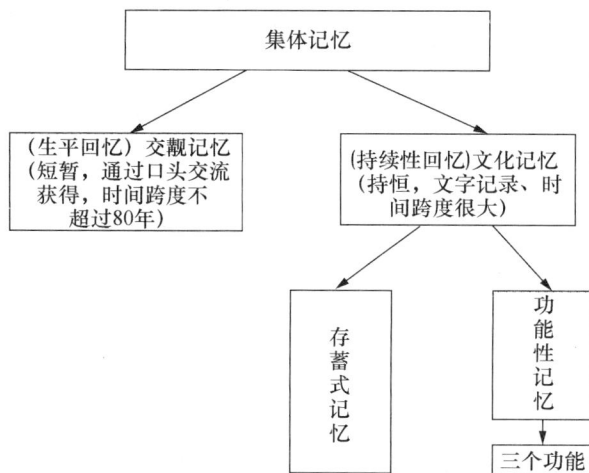

```
                    ┌──────────────┐
                    │    集体记忆    │
                    └──────────────┘
                      ╱          ╲
        ┌────────────────┐   ┌────────────────┐
        │(生平回忆) 交靓记忆│   │(持续性回忆)文化记忆│
        │(短暂，通过口头交流│   │(持恒，文字记录、时│
        │获得，时间跨度不   │   │间跨度很大)       │
        │超过80年)        │   └────────────────┘
        └────────────────┘      ╱          ╲
                        ┌─────┐      ┌─────┐
                        │存蓄式│      │功能性│
                        │记忆  │      │记忆  │
                        └─────┘      └─────┘
                                        │
                                   ┌──────┐
                                   │三个功能│
                                   └──────┘
```

四　媒体和记忆

当然，阿斯曼夫妇的贡献并不仅仅在上面所描述的对人类社会记忆过程的分层和细化。与哈布瓦赫不同的是，他们还看到了"文化记忆"与媒体的密切联系。而这一点正是哈布瓦赫没给予足够重视的。对阿斯曼夫妇来说，"文化记忆"的生命力就体现在它走过人类发展的三个阶段：首先是口头叙述阶段，随着文字诞生而出现了笔录阶段，最后又步入印刷阶段。文字的出现特别是印刷技术的普及意味着以前靠长者口头传述的礼仪和神话的时代终结，取而代之是文本，而这种文本则使传统和历史事实的解释的多样化成为可能。印刷技术的普及使知识愈趋"市场化"和"民主化"：印书成了一个市场行为，而不再是一种庄重的往事叙述。同时，印刷技术的推广也方便了（近现代的）欧洲的统治阶级和教会独霸，这样，必然造成对历史事实的大规模的"重新构造"①。

显然，阿斯曼夫妇对印刷技术出现以后社会记忆的发展很有反感，因为他们认为，正是由此而产生的所谓的"文化民主化"，才造成了文化标准化、流水线化、字母化和官僚化。最终，文化传统不是得到了保护，而是得到了（不必要的或是别有用心的）更新，回忆也就变成了编造。"文化民主化"必然使传统变成了无家可归的流浪汉②。

阿斯曼夫妇对印刷媒体的态度，一方面反映了他们对传统的钟爱以及对"交觐记忆"的怀念；另一方面也体现了他们过于看重所谓"文化民主化"的背面，而对其积极的意义几乎视而不见。他们认为，印刷技术的普及必然造成了对历史事实的编造而不是回忆。而到 20 世纪进一步发展的大众媒体大大强化了这一趋势。这里，他们对文化民主化的思考显然是单向的，即文化民主化大大提高了教会和统治者制造社会记忆的能力。阿斯曼夫妇有意识地回避了文化民主化给整个社会带来的进步。实际上，他们正是从这种单向的思维方式里，导出他们对近现代统治阶级，特别是对 80 年代东西方两个阵营政治的批判：

记忆文化在东方和西方均受到了伤害。在斯大林主义统治的国家里，回忆被压制着；在民主国家，回忆则被忽视了。这两种趋势均通过媒体得到了强化。在东方，媒体成了官方意见的、令人厌烦的宣传工具。在西方，媒体加快了新闻巨川的流速，这条新闻大河以追求"震撼"的每日新闻为目标，从而把历史的延续性之理念

---

① Aleida Assmann, "Das Gestern im Heute. Medien und soziales Gedächtnis", In Klaus Merten/Siefried J. Schmidt/Siegfried Weischenberg: Die Wirklichkeit der Medien, Eine Einführung in die kommunikationswissenschaft, Opladen: Westdeutscher Verlag, 1994, pp. 114 – 140.

② 同上。

彻底抛掷脑后①。

作为具有后现代意识的知识分子，阿斯曼夫妇对西方大众媒体的批判不亚于对东方斯大林主义的批判。他们认为，"当前的大众媒体制度割断了与过去的联系，从而把今天绝对化了。大众媒体使得人们的回忆之意识悄悄地变成了不断地生产消费品和不断地消费人为编造的'历史'②"。在消费欲望超过了文化传统保护理念时，记忆文化也势必会被"眼球文化"所替代。在这种情况下，阿斯曼夫妇大声疾呼"记忆的危机"也就不足为怪了。

阿斯曼夫妇认为，始于 90 年代中叶的以数码化为特征的新媒体，更是加深了"记忆的危机"。爱蕾达·阿斯曼在她 2004 年的著作中称互联网为炒股票的证券所，意思是信息来来往往，却毫无记忆③。

阿斯曼夫妇对媒体特别是新媒体与社会记忆之间的关系的阐述，能给读者带来很多启示。首先应该看到，除了印刷媒体外，非印刷媒体从其物质形式来说确实有应用周期越来越短的趋势，苏州大学的付双双曾经作过如下统计（见第 16 页表）④：

新媒体所谓的寿命短，除了其生成环境的安全性差之外，更主要的是与技术老化周期缩短有着密切的关系。但是，人类对这些问题并非像有些人想象的那样毫无办法，实践证明，在采取适当的措施之后，当代媒体的"短寿"问题是可以克服的。

---

① Aleida Assmann, "Das Gestern im Heute, Medien und soziales Gedächtnis", In: Klaus Merten / Siefried J. Schmidt/Siegfried Weischenberg: Die Wirklichkeit der Medien, Eine Einführung in die kommunikationswissenschaft, Opladen: Westdeutscher Verlag, 1994, pp. 114 – 140.

② 同上。

③ 这当然说明了爱蕾达·阿斯曼对证券所的偏见。假设说炒股的人不记忆的话，或者说对自己炒股的"历史"一无所知的话，那他就很难有成功的机会。

④ 付双双：《捍卫数字时代的社会记忆——论电子文件的保护和迁移》，2007 年，参见 www. danganj. net/UpLoadFiles/Article/. . . /6 捍卫数字时代的社会记忆 1. doc。

各种媒介寿命周期表

媒体类型	手工纸	缩微胶片	缩微平片	磁盘	磁光盘	4毫米磁带	光盘
寿命	1000年或更长	300年	100年	15年	30年	10年	5年

资料来源：付双双（2007）。

　　阿斯曼夫妇意识到，新媒体的出现，使得很多人在庞大的信息量面前难以区别其主次和真伪，显得束手无策。他们认为，新媒体制造的是垃圾，而非文化。这种情感上的偏激在前美国总统布什那里可能就会被称为"老欧洲"的心态，或者笔者也倾向于称之为"博物馆馆长"的心态，即有着一种强烈的怀旧感，对"老的"、"旧的"东西，或者对传统有一种钟爱。阿斯曼夫妇对新媒体的忧虑和他们那种怀旧心态并非一点可取之处都没有。在现实生活中，人们越来越深刻地体验互联网的二律背反：一方面它有助于实现真正意义上的记忆的民主化和简易化，从博客到虚拟社区，从多媒体方式对发生的事情的记录到这些无限制的复制和储藏，无不有它的功绩；另一方面，互联网也很容易使得人们的记忆快餐化，即愈趋短暂和浮浅。作为真正维护文化传统和塑造一个民族身份的社会记忆，很可能被依靠新媒体赖以存在的所谓"方便面"文化侵吞和湮没，从而改变它传统的根基。

　　阿斯曼夫妇对媒体的批判，实际上是对利用媒体来制造社会记忆的权威势力的批判。从这个意义上来说，他们批判的对象不是媒体本身，而是制定记忆政策的当权者和学术精英。这在今天，不管是西方还是东方都有着重要的意义。

　　最后，阿斯曼夫妇对现代媒体的批判，也可以被视为对现代社会新闻界的鞭笞。在一个新闻也是商品的世界里，媒体界追求的是"吸引眼球"的"震撼"效应。这样，本该实事求是地传述的历史事实，很容易被其包装以及由此带来的"剩余价值"所取代。

　　不管媒体与社会记忆的关系是好是坏，但有一点是无可置疑的：当今越来越多的人是依靠媒体来形成自己的社会记忆，口头叙述的现象愈显稀罕。在非民主国家，媒体更是当权者有意地制造"记忆"和"失忆"的工具。从这个意义上来说，对媒体与社会记忆的关系问题的探讨远没有穷尽。这里有两个方面问题值得探索：首先是媒体特别是大众媒体如何在当今信息膨胀的环境下帮助建立社会记忆。这里的媒体又可分为占主导地位的媒体（如大型报刊、主要电视台）和非主导地位媒体（比如个人的博客）；其次是现存的各个不同阶层的社会记忆反过来又是如何影响媒体的历史故事叙述，从而在媒体上表现出来的。

五　结语

本章试图说明这样一个事实，社会记忆研究本身是一个跨学科的领域。来自不同学科的人肯定在方法论上，或是在自己想聚焦的问题上，有很大的区别。这些区别自然也会体现在研究者概念的选择和运用上。不少学者凭着某些概念的特殊地域和文化背景，或是自己现有的理论背景，来构建自己的记忆分析理论。仅以莫里斯·哈布瓦赫和阳·阿斯曼为例，前者对记忆的分析是建立在社会学的范畴上的：家庭、阶级、宗教，等等。而后者关注的更多的是人类文明发展的问题。但不管是哪一种路径，社会记忆研究是批判性思维的结果。90 年代以后，在西方的社会记忆研究显然更具有后现代的批判精神，但也显露了其偏颇，至少在阿斯曼夫妇的著作中有此倾向。

阿斯曼夫妇的研究提供了一个社会记忆形成的不同模式的参照系，同时又对这些模式的条件进行了比较，从而开辟了方法论上新的视角。欧洲各国（特别是德、法两国）和北美的不同社会记忆的研究方法和背景，必然产生这些对理论进行磨合和整合的需求。因为只有这样，才能形成一个能够跨越自己文化和专业语境的世界

论坛。目前，这个磨合和整合还在过程中。但很多迹象表明，西方
学界正在渐渐地走出这个阶段。

参考文献

Astrid Erll / Ansgar Nünning（ed.）, *Cultural Memorz Studeis — An International and Interdisciplinarz Handbook*, Walter de Gruzter 2008.

Edward S. Casey: Public Memory in the Making — Ethics and Place in the Wake of 9/11, 2004. in http://www. stonybrook. edu/philosophy/faculty/ecasey/articles/Public_ Memory_ in_ the_ Making. pdf.

Aleida Assmann, Das Gestern im Heute, Medien und soziales gedächtnis, In Klaus Merten / Siefried J. Schmidt/Siegfried Weischenberg: Die Wirklichkeit der Medien, Eine Einführung in die kommunikationswissenschaft, Opladen: Westdeutscher Verlag, 1994.

Aleida Assmann, Erinnerungsräume, Formen und Wandlungen des kulturellen gedächtnisses, München: C. H. Beck, 1999.

Jan Assmann, Das kulturelle gedächtnis, Schrift, Erinnerung und poliitsche Identität in frhen Hochkulturen, Müchen: C. H. Beck 2002.

Jan Assmann, *Religion and Cultural Memory: Ten Studies*, Standford University Press, 2005.

Jan Assmann / John Czaplcka: Collective Memory and Cultural Identity, in New German Critique, No. 65, Cultural History/Cultural Studies（Spring — Summer, 1995）.

Martin Zierold, Gesellschaftliche Erinnerung — Eine medienkulturwissenschaftliche Perspektive, Berlin / New York, Walter de Gruyter, 2006.

Halbwachs, Maurice, 1992, *On Collective Memory*, Trans. and ed. by Lewis A. Coser, Chicago: University of Chicago Press.

Maurice Halbwachs, Das gedächtnis und seine sozialen Bedingungen, Berlin, Neuwied: Luchterhand, 1966.

［本章作者　张俊华（Zhang Junhua）］

第 二 章
记忆问题的传播、国际化及全球化

众所周知，所谓的"记忆"问题正在趋于全球化①。某研讨会的组织者最近在巴黎召集了 13 个分布在欧洲、亚洲、拉丁美洲及非洲的法国研究机构，来一起关注这个不争的事实，并且有预兆地挑选了一个合成式的主题："展示过去②——当代世界的记忆与社会。"③ 不过，这里有几个层面需加以区分：

第一个层面是记忆概念的传播，即在社会科学中与记忆问题有关的概念的输出，甚至是对不同文本的应用，这样就造成了一个或多个问题或概念的同时传播。

第二个层面是记忆现象的国际化，无论是社会记忆还是政治记忆，它们不同于受到异议的历史经验，而这些记忆现象是可以对比的、具体化、独立的，或是对抗性的和交互型的、相互间依赖的。

---

① Rousso, Henry, "Vers une mondialisation de la mémoire", Vingtième Siècle, Revue d'histoire 94：3 - 10，2007.

② 本章多处使用"过去"（past）这个概念，目的是与"历史"（history）区分开来。过去是指以前发生的事件和人的经历，但尚未被人"加工整理"过。——编者注

③ Racine, Jean - Luc, 2007. "Présences du passé. Mémoires et sociétés du monde contemporain", Musée du quai Branly. 参见 http：//www. archivesaudiovisuelles, fr . The inaugural lecture has been published：Lavabre, Marie - Claire, "Paradigmes de la mémoire", Transcontinentale, 2008。

第三个层面是指在某些记忆内容方面可能会出现的全球化。

如今，记忆这个题目已经大部分被国际化了。换言之，在 19 世纪 80 年代中期，出现了社会记忆大爆发，或者更确切地说，是一场世界各洲公众表达的大爆发。当然，这并不一定意味着记忆的内容全部实现了全球化，即便某些过去的经历似乎可能在同一个时空被人共享。社会记忆大爆发不意味着作为传播某一现象的表述、概念、观念及词语是一致的，尽管国家认同、少数人的权益、公正、对受害者的认可、和解等问题，都与记忆这个问题相伴。

有关民族与国家对过去的叙述，已经不再是什么新鲜的事儿了。但是，记忆现象的大爆发很大程度上来源于一国之内或跨国间的某些特定群体的话语，来源于合理表述过去经历的叙述之庞大的规模。在这里存在着一个足以使我们引起注意的任务：在总结存在的相同之前，我们须比较、拟定一个现存差异的详细目录。但同样的，须理解记忆如何以及为何在当今不仅仅是在中国，同时也在拉丁美洲、美国、欧洲和非洲成为一个共同关注的主题，一个通用的词汇及共享的概念。

然而，如果认为我们现在都能理性地探讨记忆的问题，那这种看法是太自以为是了，也是不会令人信服的。当然，对记忆的评论和研究已经在数量和质量上都有快速的增长，而它们在 20 世纪 70 年代时几乎还见不着影子。记忆现象本身可能呈现多样化，时而伴随着全民族神话的分解与重组；时而又充满着特殊的政治及社会经历，而这种经历可以是个体的、也可以是团体的；时而依靠范式的传播来推进。诸如此类的事实引出了一连串的问题，首先是对记忆的定义问题①。

这将是我第一个总体观点，尽管支撑这个观点的记忆的定义仅

---

① 下文部分观点展开于前文提及的文章：Lavabre，Marie – Claire，"Paradigmes de la mémoire"，Transcontinentale，2008。

仅是社会科学文集里分散的知识，或是记忆现象的某些具体形式。换句话说，它基本上是基于对法国国情的思考或反思，由此延伸至每个人现在所可能知道的记忆问题的国际化。

我们须一再重复，记忆作为人的回忆能力——在不久以前，一直是被严格地用于个体或一组个体的范围，并通过时空以及活生生的历史经验的传播媒介来规定的。另外，共同的过去的叙述指的是由学界或有学识的群体所塑造的历史。这种共同的过去也被执政当局纪念。"莫里斯·哈布瓦赫在两次世界大战之间的时间写道，我们还未习惯于讨论一个团体的记忆——即便是隐喻式地讨论。"[1]如今，这个事实的表述似乎已显得奇怪，不如把它颠倒过来说：如今须强调的是，记忆的概念已被用于国家、集体和社会，这已经很明显。

让我们直截了当地切入问题核心：我们首先能反思的是以上这些问题和困难。上面提到的第一个事实就涉及记忆这个概念，而记忆这个传统的定义——圣奥斯汀曾经称之为"过去事情的现在时"（present of things past），现在看上去要复杂得多了，因为这个问题是整个讨论的突破口。如何对记忆做合适的定义，这在法国的社会科学中已成为主要的问题之一。当然，法国显然不是唯一的面临这个问题的国家。然而，在同样的思路中，我们暂时将记忆现象看做一个议题，有时是一个主张、一种资源、一种政治化的东西，并且无处不在，在激烈的动荡或是政治和社会剧烈的变革的地方尤其如此。

这样，所谓的记忆问题就有了双重性。"记忆"是社会科学中的一个概念，更确切地说，是一种观念，在很多情况下，是一个极为多义的观念。它成了记忆观察家和分析家争论的话题。同时，记忆问题也代表着一种社会现象，社会及政治活动家惯于如此看待记

---

[1] Halbwachs, Maurice and Lewis A. Coser, *On Collective Memory*, Chicago: University of Chicago Press, 1992.

忆。这样就产生了第一个难题。事实上，记忆这个词在科学、政治、社会或媒界不同领域中打转。毋庸置疑，是否对记忆现象泛滥持批判态度，这还不是很重要的事，我们应该关注一种有这种双重性产生的疑惑，而这种疑惑却又是由于接受了一个被以为放之四海而皆准的记忆概念，一个对记忆观察家、历史学家、人类学家及其他社会学家，或者是活动家、记忆"承包商"都适合的概念。

　　这种疑惑的一个例子出现于遍及法国的"回忆的义务"（duty to remember）的说法中，法国的政治、社会活动家经常用这个说法来招揽公众。还有一个范例就是"记忆的过度使用"（overuse of memory），这个说法经常被那些记忆现象的分析家使用，以此来反对"回忆的义务"① 的说法，而实际上，两者理论基础相似②。我们也可以从政治愿望孕育出"对过去的敌人宽恕的协定"。很多时事评论员都采纳它去描述西班牙式过渡的特性③，而并非像有的民族提出类似于"沉默的协定"或是"否认的协定"④的主张。因为这两个政治词汇差异极小，很相近，这种主张认可对"过去"的消失与传承之共存作具体分析，最终可能抢先阻止"记忆的回归"。更一般地说，轻松地使用健忘这一概念只能困惑这样的人：他们已经意识到一种矛盾，即讲"跟健忘作斗争"的前提正是这段历史确实还没被人忘却⑤。或者说，他们那些意识到社会中这个常常被确

① Todorov, Tzvetan, Les abus de la mémoire, Paris：Arléa, 1998.

② Lavabre, Marie - Claire and Sarah Gensburger, "Entre devoir de mémoire et abus de la mémoire：la sociologie de la mémoire comme tierce position", In Histoire, mémoire et épistémologie：A propos de Paul Ricoeur ed. Bertrand Müller, Lausanne：Payot, 2005.

③ Rozenberg, Danielle, "Espagne, La mémoire retrouvée：1975 - 2002", Matériaux pour l'histoire de notre temps 70, 2003.

④ Kaes, René, "Ruptures catastrophiques et travail de la mémoire", In Violence d'état et psychanalyse, ed. Janine Pujet, Paris：Dunod, 1989.

⑤ Martin, Jean - Clément, La Vendée et la Révolution：Accepter la mémoire pour écrire 'histoire, Paris：Librairie Académique Perrin, 2007.

认的事实，即"过去是不会被忘却的"，比如在西班牙①，又比如在波兰和苏联，而后两者皆经历了"完全与过去划清界限"的政策。

"记忆"之概念涉及了理论性和概念层面的对象，同时也涉及真实的、社会的对象。如果我们要对它的二元性作第一个评述，那就得看到，在社会科学中的记忆的概念有一个特殊的历史。这个历史不长，与"过去的现在时"有关的社会现象并非是一件新鲜事②。尼采自己也分析过为何我们"需要历史"的原因及对过去（past）的运用和误用。现在，我们所需的是——借助法国宗教战争或法国革命的例子——想想卡米萨尔治人（the Camisards）战争时期出现的口头叙述现象（即南特诏令废除后法国清教徒叛乱），这种口头叙事一直持续到第二次世界大战中色温诺尔抵抗的"卡米萨尔治化"③，或再想想18世纪初，在凡德地区（Vendée）对反叛法王路易十四的新教徒大屠杀后持久不息的踪迹，但至今却没有在任何历史档案中有具体的记录④。

"记忆"，不管它被理解为对"现有"或"传承"的经历的回忆，或出于政治目的对以前的东西重新发掘，都不是什么新鲜事。这在摩西·I. 芬利（Moses I. Finley）⑤的著作中已有证明。20世纪70年代早期，他表达了对历史学家和社会学家利用历史使其获得一个合法的身份的担忧。然而，现在的情况已有新的发展：一方

---

① Halbwachs, Maurice and Lewis A. Coser, 1992. op. cit.

② Nietzsche, Friedrich, Giorgio Colli, Mazzino Montinari and Pierre Rusch, Considérations inactuelles, [Paris]：Gallimard, 1992.

③ Joutard, Philippe, La légende des Camisards：une sensibilité au passé, Paris：Gallimard, 1977. 也可参见 Joutard, Philippe, Ces voix qui nous viennent du passé, Paris：Hachette, 1983。

④ Martin, Jean – Clément and Xavier Lardière, 1992, Le massacre des Lucs, Vendée 1794. Vouillé：Geste éditions.

⑤ Finley, Moses I. and François Hartog, 1981, Mythe, mémoire, histoire：les usages du passé, Paris：Flammarion.

面现在社会政治活动家主张应有更多的记忆；另一方面，通过社会科学对这种记忆现象愈加关注，这种关注始于 20 世纪 70 年代中期的法国。这里暂且不谈法国的记忆理论奠基者莫里斯·哈布瓦赫以及罗杰·巴斯泰德（Roger Bastide）在 20 世纪 60 年代在其有关宗教的著作里对哈布瓦赫理论的回应①。

　　然而，正如我们已经强调的，记忆问题（同样的，与其相关的词汇）现在正很大程度上趋于国际化，而这种国际化可能是以一些误解作为代价的。这样，就成了本章需强调的第二个难点。在欧洲、非洲、亚洲和拉丁美洲，人们到处都提出了记忆问题，这是因为独裁依然存在，依然有战争、屠杀；也是因为在 20 世纪曾经出现过对亚美尼亚人的、欧洲犹太人的、卢旺达图西人的种族灭绝性的屠杀。简而言之，记忆的问题就是清理旧账。记忆问题也由于下面的原因而成为一个世界问题：人口的强行迁移，奴隶制和殖民主义的结束，更不必说大多数无形的、很多被人忍受的（家庭和亲人的）分离，这种分离可能由于经济移民、去工业化造成的，也可能是因为农田的消失而造成的。对这些现象的令人异议的指称本身就是一个记忆的对象，这也是记忆的一个议题。但是，上面列举的事例不能穷尽记忆的对象，也不能穷尽关于记忆的要求和在这个问题上的冲突，而这些要求和冲突在社会、政治和科学的各个层面出现。这样，在不同领域里记忆词汇的传播之后可添加一个以不同的方法和模式为主的国际层面的传播。

　　这两种传播可以从"道义上无可指责"（righteous）这个说法迅速传播的事例中得到验证，与"道义上无可指责"这个词相关联的是一些具体语境，比如以色列提出了"国家间的正义"（right-

---

① Bastide, Roger, 1978, The African Religions of Brazil: Toward a Sociology of the Interpenetration of Civilizations. Baltimore: Johns Hopkins University Press, and Bastide, Roger, 1970, "Mémoire Collective et Sociologie du Bricolage", L'année Sociologique 21: 65 – 108.

eous among Nations），用此来纪念第二次世界大战中那些拯救犹太人的外族人①，还有（南非的）"真相及和解委员会"（the Truth and Reconciliation commission），或者戈奥尔格－爱科尔特教科书研究院（The Georg – Eckert Research Institute on Textbooks）②，后者就其存在的理由以及起源而言远远超出了德国本土范围。该机构要做的就是通过对偏见的官方叙述来达到和解③。这个对自下而上的、能使各种和平途径的传播的分析④，可以用"思想是长脚的"（Ideas have legs）⑤ 格言式的短句来描述。这表明在有关国内和国际争端与和解的政策领域，那些活跃的跨国活动家正实践着这些理念⑥。

　　国际化与词汇的传播并非意味着差异的消失。这些差异是时间性的，因为记忆的概念在政治辩论中出现，同时又作为社会科学的一个研究对象出现，其速度和规模在各个地方是不一样的。这些差异在理论层面，就这个概念的内容、认识论传统或是作者想传达的东西，并非相同。

---

　　① Gensburger, Sarah, " La création du titre de Juste parmi les Nations 1953 – 1963", Bulletin du Centre de Recherche Français de Jérusalem 15：15 – 35, 2004.

　　② 戈奥尔格－爱科尔特教科书研究院（The Georg – Eckert Research Institute on Textbooks）是一个通过对教科书的研究来寻求各个民族和国家之间和解的机构，坐落在德国。——编者注

　　③ Bazin, Anne, "La construction d'une expertise de la réconciliation：l' Institut Georg Eckert de recherche sur les manuels scolaires", In Après le conflit, la réconciliation？Actes révisés des journées d'étude organisées par l' institut des sciences sociales du politique, ed. Sandrine Lefranc. Paris：Michel Houdiard, 2006.

　　④ The title of a book by Peter Howard, the leader of Moral Re – Armament, quoted by Lefranc, Sandrine "Du droit à la paix：La circulation des techniques internationales de pacification par le bas", Actes de la recherche en sciences sociales 174：49 – 69, 2008.

　　⑤ 同上。

　　⑥ 同上。

　　我们只举一个例子：阳·阿斯曼（Jan Assmann）学派①，在德国是主流，但在法国却并非有如此的地位。在法国，皮埃尔·诺拉（Pierre Nora）②、保尔·利科尔（Paul Ricoeur）③ 和莫里斯·哈布瓦赫④对同一问题有三种不同的见解。我们在后面还会回到这个问题来。在这些时间性的理论差异上或者说是有关"记忆"的定义的差别上，历史的差异，或者更严格来讲，内容的差异被添置进去了。

　　由于差别如此明显，徘徊于此是无济于事的。这些差别与按特定时间顺序排列的记载有关，也与事件的性质及分类有关，它们处处包含着对过去的定位，对"记忆"的理解，因为记忆不是像人们今天回瞻性地认定的那样，非得明确地被限制在重大事件的存在这个范围内⑤。"所有的社会思考都是记忆。"⑥ 在这个意义上，"过去的现在时"，即追踪过去的足迹有两个层面，那就是，对唤醒过去或有选择地谈论过去⑦，有人可能对此并不能意识到。记忆，

---

　　① Assmann, Jan, 2002, Das kulturelle Gedächtnis Schrift, Erinnerung und politische Identität in frühen Hochkulturen. 4. Aufl. Edition. München: Beck.

　　② Nora, Pierre, Les Lieux de mémoire I/ La République. Paris: Gallimard, 1984 ; Nora, Pierre, Les Lieux de mémoire II/La nation. Paris: Gallimard, 1986, Nora, Pierre and Maurice Agulhon, Les Lieux de mémoire III/ Les France. Paris: Gallimard, 1992.

　　③ Ricoeur, Paul, La mémoire, l' histoire, l' oubli. Paris: Seuil, 2003.

　　④ Halbwachs, Maurice and Lewis A. Coser, 1992. 参见前文引用之文献：Halbwachs, Maurice and Gérard Namer, Les cadres sociaux de la mémoire, Paris: Albin Michel, 1994, and Halbwachs, Maurice, La topographie légendaire des évangiles en terre sainte; étude de mémoire collective, 2. éd. Edition. Paris: Presses universitaires de France, 1971.

　　⑤ Ricoeur, Paul, "Evénement et sens," In Lespace et le temps, Actes du XXIIème congrès de l' Association des sociétés de philosophie de langue fran? aise Dijon: Vrin, 1990.

　　⑥ Halbwachs, Maurice and Gérard Namer, 1994.

　　⑦ Lavabre, Marie - Claire, "Entre histoire et mémoire: à la recherche d' une méthode," In La guerre civile entre histoire et mémoire, ed. Jean - Clément Martin. Nantes: Ouest Editions, 1995.

作为"过去与现在的相似的影像"①，也是人类世界、团体及个人
以这些团体为归属、为其身份的反映，同时这些行为体也意识到，
在最终的意义上，所有的记忆都被称为"集体的"（collective）记
忆或者为社会共享的记忆。

当一个人浏览有关记忆的专业文献时，即使不是很系统地浏
览，事实上他也能察觉到这一概念在使用中的不同，不管是用这个
概念作为一个概念还是作为分析框架或者是一个社会事实。公众对
过去的叙述（无论是史学性的、法学的、神话类型的、小说型的
或美学性质的），或者是利用或滥用过去，或者是带有政治目的的
重新发掘过去，或者是博物馆和纪念碑，都是为了使人们分享或者
是有意识地分解其同一性（共同的身份）。无论是在民族国家层面
还是国际层面，不论是在各个团体之间的"中间人"（intermediar-
y），还是本身就是属于"情绪型的社团"（emotional communities），
不管是社会的、政治的还是民族的层面，记忆无所不在。它可能
包含的实在太多，即便这个概念不是隐喻的，但至少也是多义
性的。

笔者第一部分的述评可能有助于使本来似乎是不言自明的记忆
之概念变得模糊起来，并使本来很明确的——即便不是共同的——
词汇，呈现了其两面性。尽管如此，（在探索记忆课题时）其方
法、定义和论据的数量还是有限的。这是一个不争的事实。

法国有关记忆的专业文献（对记忆的研究）作了一个评估，
即便它们不是有绝对的代表性。这些文献对记忆这个概念根据不同
的内涵作了排列。在前面已提到了一些可观察到的差异——时间性
的、理论上的和历史性的。但毕竟也有许多趋同的特征，这是因为
前面提到记忆问题的国际化，或者某些相关概念正在"出口"到
别的国家。这是我的第二个观点。

---

①　Halbwachs, Maurice and Lewis A. Coser, 1992.

在法国，记忆问题的研究体现在一些权威的但还不至于老得都啃不动的经典著作里，始于莫里斯·哈布瓦赫，"集体记忆"思想的先驱者，终于皮埃尔·诺拉，后者的名著《记忆的王国》（*Realms of Memory*）就像是记忆之碑被我们学习研究，同时也被广泛地引入他国。如今，记忆成了社会科学的主要研究课题之一，也成了公共社会和政治辩论中经常出现的问题，而且经常交织在一起。当然，政治活动家对此有其所持的立场，记忆现象的观察家和分析人士也有自己所持的观点。

如果一个人仅仅想在社会科学范围内研究记忆问题，那就建议他应该把一些已经描绘出的（跟记忆有关的）要素进行排序。在当今研究记忆问题中，有三个重大的问题或称为三大记忆范式。笔者这个断言，在法国肯定是正确的，在别处也如此，只是在时间性上有点差别，在此暂不详细分析。第一个范式是皮埃尔·诺拉的"记忆场所"（memory sites）①，第二个是与保尔·利科尔（Paul Ricoeur）有关的"记忆工作"（work of memory）②，第三个是源自莫里斯·哈布瓦赫"集体记忆"里的"记忆框架"（frameworks of memory），即指生产和唤来记忆的社会环境。虽然这三个范式共存，有时也会重叠，但尽管如此，它们都有一段各自的历史，是不同年代的产物，整体上可归类于不同的领域，关注着不同的对象。

---

① "记忆场所"是指（文化）记忆成型以及自我隐藏的地方（Nora，1989）。这些场所包括：档案馆、博物馆、教堂、宫殿、公墓、纪念碑等场所；概念和实践，诸如纪念品、生活在不同年代的人、格言以及各种仪式；物品诸如文物、纪念碑（see image right）、手册指南、象征标志、基础文本和符号象征。参见 Nora, Pierre (1989), Between Memory and History: Les Lieux de Mémoire [1984]. Representations 26, Spring 1989, 7 – 25 (also in Nora and Kritzman 1996: 1 – 20)。——编者注

② 本章作者在下文把"回忆的努力"与"回忆工作"等同起来论述。As Paul Ricoeur argued, memory alone is fallible. Historical accounts are always partial and potentially misrepresent since historians do not work with bare, uninterpreted facts.

即使莫里斯·哈布瓦赫可能被当做是先驱（1925 年发表了《记忆框架》（*The Frameworks of Memory*），1942 年发表了《新约福音书中的传奇地形学》（*The Legendary Topography of the Gospels*），1950 年在他逝世后发表了第一版的《论集体记忆》（*On Collective Memory*），但哈布瓦赫并非记忆研究的始祖。相反，是因为当时记忆时尚的浪潮使得哈布瓦赫记忆学说被重新发现、重新出版；直至最近又成为传记里的描述对象①，使他成为间于两次世界大战时期的知识分子及政治人物。而当初的哈布瓦赫并非像经典社会学里的社会形态学家，去研究生活标准或是自杀的原因。可能是偶然的，也可能是有预兆的，即使莫里斯·哈布瓦赫自己真正涉足政界并被害死在集中营，他的政治形象可能会引起更多的争议，严格来说，这正是记忆的效果，是当今对"集体记忆"思想家的纪念的传染效果。无论如何，社会学并非站在当代"过去的现在时"运动的前沿。

史学家是第一个将记忆作为主题的，他们对历史与记忆的确切定义的差别有着过度的关注，尤其在法国。"记忆"是指过去的现在的形式，跟历史不是同一个范围（历史则多被理解为专业知识、方法和一个史学家工作的要求）。如果我们极端一点，我们甚至可以说，在很长的现代时期，这个有关记忆的绕道的定义来自认识论的怪诞②：即反对学科体系同时又把学科体系以先后优先分序——而这个做法完全取决于寻找证据及论据的必要性——（这个有关记忆的绕道的定义）源自在被分析前就已经丧失资格的社会现象，如果不是根据过去的可理解性和事实确立的所组成的规范。假使那

---

① Becker, Annette, Maurice Halbwachs, un intellectuel en guerres mondiales (1914 – 1945), Paris: Agnès Viénot Editions, 2003.

② 参见 the contribution of both Pierre Nora and Youri Afanasiev, *Mémoire*, in Afanassiev, Youri and Marc Ferro eds. 1989. 50 idées qui ébranlent le monde: Dictionnaire de la Glasnost, Paris: Payot。

样，从逻辑上说，证明历史的错误将在记忆范围内出现，并且，历史的"真理式的雄心"① 并不被认为是重要的。因为它证明了有些事的确发生过。

这个事实说明，当人们要想对当今的社会科学的现状有个描述时，那么按时间顺序首先对"场所"问题的考虑是合理的，而这个概念显然和皮埃尔·诺拉的名字联系在一起②。"场所"概念主要来自史学家，而且目前仍然居主导地位，至少从记忆的定义来看是如此。由于它的多种翻译很普遍，且在德国③就有不同的版本，在意大利（即使这些记忆场所的精神和认识论不同）④、荷兰等国家也是如此。就其选择一个符号表现的宗谱而言，这个问题的首例可以在 20 世纪 60 年代找到。这里所说的符号是指集体身份、对过去的公共叙述、带有政治目的利用历史聚焦点。60 年代，勒内·雷蒙（René Rémond）在巴黎政治研究院主持的一个学术研讨会，其题目为"历史、持久、记忆和政治"。其他的例子也体现在本章前面已提到的摩西·I. 芬利（Moses I. Finley）关于以下问题的论述：一是对历史的使用和误用，二是控制史学家，让他们将过去的使用作为历史研究的对象。20 世纪 70 年代中期的法国记忆场所概念出现的年代学细节在此文并不重要，故暂不予深究⑤。总之，我们将会铭记皮埃尔·诺拉在 1978 年庆祝"对历史与记忆的离异的解放"（liberating divorce between history and memory）及他宣布的项目：使

---

① Ricoeur, Paul, 2003.

② Nora, Pierre, 1984, 1986, 1992.

③ Etienne, François and Schulze Hagen eds. , Mémoires Allemandes, Paris: Gallimard, 2007.

④ Isnenghi, Mario, L' Italie par elle – même, Lieux de mémoire italiens de 1848 à nos jours. Paris: éd. Rue d' Ulm, 2006.

⑤ Lavabre, Marie – Claire, "Usages de l' histoire, usages de la mémoire", Revue Fran? aise de science politique: 480 – 492, 1994.

记忆成为新的历史编纂学的"先锋"①。

考虑到当初该项目要达到的目的是反对和批判地记忆，可以断定，这个项目功效适得其反，但据皮埃尔·诺拉自己说，他的理论在另一方面却是成功的，即把对民族身份的追求深深地植根于已经统一或正在统一的对过去的叙述中。20世纪70年代中期，剧烈的社会、政治及经济变化使得这个时期成了一个塑造这种叙述的理想之地。记忆场所诞生于"迷失的感觉"（feeling of loss）。在某些方面，当代占主导地位的利益经济在主流记忆中体现出来，并且似乎得到了满足：当20年后再来评估诺拉的尝试时，人们可以注意到在他的项目里没有对殖民主义和共产主义世界的讨论——这里不是指法兰西式的共产主义者和戴高乐主义者的记忆中那种又爱又恨的关系——注意当初讲的"共和国"不是指最能代表法国公民的"第五共和国"②。受到史学家推崇，记忆场所的问题则承认对不同历史事件解释之间的冲突，恢复编史的本来面目，承认政治回归历史。对一段经历的"（不同个人的）记忆"不如民族的过去之共享来得重要。这种共享的民族的过去的形成，是受到长期历史教育的影响的结果——这种教育的影响非同小可。同时，也是"人们早期情感上在（自己民族的）过去受到的灌输"③以及对过去的公共叙述的结果。

第二个范式称为"回忆的努力"（efforts to remember）。这个概念和保尔·利科尔联系在一起，这个措词是从心理分析领域引申出来的。如果夸张一点儿说，当（一个千篇一律的民族的过去）被

———————————

①　Nora, Pierre, "La mémoire collective", In La nouvelle histoire, ed. Jacques Le Goff. Paris：Retz – CEPL, 1978.

②　The virtual seminar "Histoire et mémoire：regards croisés"，参见 http：//www. anamnesis. fl. ulaval. ca。

③　Ansart, Pierre, "Manuels d'histoire et inculcation d'un rapport affectif au passé", In Manuels d'histoire et mémoire collective. Université de Paris VII, 1981.

广泛共享和传播的时候，社会（团体），乃至个体，就会对过去产生厌恶感。他们不得不"努力去回忆"（往事），如同某个人在"哀悼"中获得"合适的记忆"、合适的忘却和与他人或与自己的和解。如果说保尔·利科尔和贝托·多洛夫对"回忆的努力"这个问题（的思考）显然属于规范性的、哲学的及政治的思考，那么，早期亨利·罗素（Henry Rousso）①在维希（Vichy）或本杰明·斯托拉（Benjamin Stora）②在阿尔及利亚上的观点也并不陌生了。这一范式作为对法国"记忆的职责"思潮的回应，自20世纪90年代以来越来越显其重要性。虽然我们未能获得有关第二个范式诞生的确切的日期的信息，1993年巴黎地区教育权威机构规定的高中毕业考试的题目"是否存在有回忆的义务？"是一个较好的测量标准，以此鉴定那个时期的政治气候及这个范式的传播，直到那时之前，这个问题仅仅被限制在纪念第二次世界大战范围里③。在很多方面，这个范式至少部分地跟"记忆场所"的范式重叠了：一方面，它满足了当今记忆的需求；另一方面，它也符合解决历史纠纷的政治意愿，找出和解的政治方法，以及解决冲突、减少不满情绪的潮流。总之，"回忆的努力"这一范式的提出，主要考虑的是如何去影响记忆以及如何在各个层面重建由于冲突而被四分五裂的社会。

　　第三个范式的应用范围很小，且不太容易察觉，因为社会或政治活动家很少会在这个问题上下工夫，而在学术圈子里用得较多。它被称之为"记忆框架"的范式。它与莫里斯·哈布瓦赫的名字有

①　Rousso, Henry, Le syndrome de Vichy De 1944 Nos Jours, 1987, Paris: Seuil. Voir également: Rousso, Henry and Philippe Petit. , La hantise du passé: entretien avec Philippe Petit. Paris: éditions Textuel, 1998.

②　Stora, Benjamin, 1991, La gangrène et l'oubli: la mémoire de la guerre d'Algérie, Paris: La Découverte.

③　Lavabre, Marie - Claire and Sarah Gensburger, 2005.

关，被更多地在社会学中尤其是政治社会学运用。当人们通过政治利用历史时，当记忆策略建立在一个共同的信息：即记忆，是通过人的经验而存活或传承下的，这就意味着记忆是可被人操纵的；当和解或民主制度下各个民族共存获得其合法性的时候，也是以记忆能被塑为前提的。这样，记忆框架就决定打开黑匣子为目标，并思考过去与记忆间的互动，从经验层面来确立有关过去的、共享的叙述，以此来回答一个应该先问的问题：记忆会受其他因素的影响吗？如果会，那么在哪些条件下受影响的？

这三个范式是有层理（superimposed）的，它们不一定不相容。它们悄悄地在怂恿对记忆作出不同的定义，甚至是有冲突的定义，并关注着经验层面截然不同的对象。以误解皮埃尔·诺拉明确的反纪念性、批判性及寻根的目标为代价，记忆场所的范式显得很兴旺。在这里，关键的是（法国）从政治上强化、从科学角度来描述一个民族或者是一个集体的身份，而后者又直接与过去的问题瓜葛①。（如今在欧盟）经常关心如何塑造欧洲的记忆场所并使其成为不太可能的共同记忆，也证明了这种指令式愿望的存在②。

如果我们反思保尔·利科尔的思想，"努力去回忆"，强调被过去造成的"心灵创伤"、受害者和社会的裂缝，那么，它的代价就是诠释学与决定论之间的徘徊。③这些受伤害的范围可以是一国内

① Rousso, Henry, "Das Dilemma eines europäischen Gedächtnisses", Zeithistorische Forschungen/Studies in Contemporary History 1（Online – Ausgabe），2004.

② See in particular Gouez, Aziliz, "La question de l'identité européenne dans la construction de l'Union." In Reconna? tre ce qui nous lie：l'identité européenne，2005，参见 http：//www. notre – europe. eu/fr/axes/visions – deurope/travaux/publication/la – question – de – lidentite – europeenne – dans – la – construction – de – lunion/. 也可参见 Rousso，Henry. 2004. 同上。

③ Laplanche, Jean, "Entre déterminisme et herméneutique, une nouvelle position de la question", in Laplanche, Jean, La Révolution copernicienne inachevée, travaux 1965 – 1992, Paris：Aubier，1992.

的，也可以是跨国间的。记忆分碎化，不同记忆的冲突和竞争，由于过去的不公正而提出的要求仍然受到责难。最后，"记忆框架"的范式又回到表面看来幼稚的问题："谁，什么，何时，怎样，为什么？"

谁：谁是记忆的主体，或者更确切地说，是所谓的社会或集体记忆的主体；相应的集体及最终的分析范围是怎样的？

什么：社会记忆的内容和对象是什么？现在必须把重点放在国家提出的"记忆政策"，放在（国家规定的）纪念（日/仪式）和其他纪念碑上呢，还是应该放在来自活生生的、人们自己传授的经验上？

何时：在什么条件和根据什么计划使共享的经历成为现状或成为了叙述的主题，并且为人所用，尤其用于政治用途？个人合理地获得（有关）过去的（知识）是否要与团体、官方规定的见证人和发言人对过去的使用分开？（要知道）后者往往会蜕变成对过去的误用和滥用。

如何：我们怎样从一段经历的记忆的多样性转向所谓的"集体记忆"的单一性，或者相反，如果可能的话，我们如何从一个"记忆政策"转向由社会分享的、对过去的多种叙述？

为什么：这个问题毋庸置疑是最为复杂的。（人们）往往在狭隘的记忆概念中找到一个过于简单的答案。在使用这个概念的多样性里面，已经给出几种范例，记忆是过去的足迹，是对过去的唤醒，是过去与现在互动的结果，是经历的记忆和记忆政策的互动。

总之，这个表述把我们带回到哈布瓦赫那里：他的复杂的有关运动的思想犹如"我们呼吸的不可见的空气一般"，它们组成了记忆的事实，他对进化的分析使我们进步，用古尔维奇（Gurvitch）的话说，"从超然性到记忆的无处不在"，最终构成他对自己（嘲讽社会的）漫画的最好的批判。最后，哈布瓦赫使我们学会了思考唤醒过去的社会条件以及如何表述过去的经历。否则，"记忆不能解释任何东西"①，且解释起来也很困难。

　　显然，前两个的范式选择对过去的政治上的使用、使过去的受害人平息愤怒的政治技巧作为一个主题或利益。这种做法，无论其分析范围是国家、民族还是跨国/跨民族的，不仅仅被国际化，也容易被全球化。这些与记忆的构想有关的概念，也是最容易为政治活动家前面提到的专家所接受的，这里，政治活动家考虑的是构想出国家的和跨国间对过去的叙述，而专家们则努力寻找和平与和解的技术手段。第三个范式偏爱个人叙述的范围、其持续性、跨代传承的活生生的经验，对我们的主题并非那么重要，全球化问题也是范畴的传播，正是这种传播给历史经验赋予了意义。

参考文献

Rousso, Henry, "Vers une mondialisation de la mémoire", Vingtième siècle, Revue d'histoire 94: 3 – 10, 2007.

Racine, Jean – Luc, "*Présences du passé. Mémoires et sociétés du monde contemporain*," Musée du quai Branly, 2007. in http://www. archivesaudiovisuelles. fr . The inaugural lecture has been published: Lavabre, Marie – Claire, "Paradigmes de la mémoire", Transcontinentale, 2008.

Halbwachs, Maurice and Lewis A. Coser, *On Collective Memory*, Chicago: University of Chicago Press, 1992.

Todorov, Tzvetan, Les abus de la mémoire, Paris: Arléa, 1998.

Lavabre, Marie – Claire and Sarah Gensburger, "Entre devoir de mémoire et abus de la mémoire: la sociologie de la mémoire comme tierce position", in Histoire, mémoire et épistémologie: A propos de Paul Ricoeur ed. Bertrand Müller, Lausanne: Payot, 2005.

Rozenberg, Danielle, "Espagne, La mémoire retrouvée: 1975 – 2002",

---

① Confino, Alon, *Germany as a Culture of Remembrance: Promises and Limits of Writing History*, Chapel Hill: University of North Carolina Press, 2006.

Matériaux pour l' histoire de notre temps 70, 2003.

Kaes, René, "Ruptures catastrophiques et travail de la mémoire", in Violence d' état et psychanalyse, ed. Janine Pujet. Paris: Dunod, 1989.

Martin, Jean - Clément, La Vendée et la Révolution: *Accepter la mémoire pour écrire l' histoire*, Paris: Librairie Académique Perrin, 2007.

Nietzsche, Friedrich, Giorgio Colli, Mazzino Montinari and Pierre Rusch. Considérations Inactuelles, [Paris]: Gallimard, 1992.

Joutard, Philippe, La légende des Camisards: une sensibilité au passé, Paris: Gallimard, 1977. 可参见 Joutard, Philippe, *Ces voix qui nous viennent du passé*, Paris: Hachette, 1983。

Martin, Jean - Clément and Xavier Lardière, *Le massacre des Lucs.* Vendée 1794, Vouillé: Geste éditions, 1992.

Finley, Moses I. and François Hartog Mythe, mémoire, histoire: les usages du passé, Paris: Flammarion, 1981.

Bastide, Roger, The African Religions of Brazil: Toward a Sociology of the Interpenetration of Civilizations, 1978, Baltimore: Johns Hopkins University Press, and Bastide, Roger, "Mémoire collective et sociologie du bricolage", L' année sociologique 21: 65 - 108, 1970.

Gensburger, Sarah, "La création du titre de Juste parmi les Nations 1953 - 1963", Bulletin du Centre de Recherche Fran? ais de Jérusalem 15: 15 - 35, 2004.

Bazin, Anne, "La construction d' une expertise de la réconciliation: l' Institut Georg Eckert de recherche sur les manuels scolaires", In Après le conflit, la réconciliation? Actes révisés des journées d' étude organisées par l' institut des sciences sociales du politique, ed. Sandrine Lefranc, Paris: Michel Houdiard, 2006.

Lefranc, Sandrine, "Du droit à la paix: La circulation des techniques internationales de pacification par le bas", Actes de la recherche en sciences sociales 174: 49 - 69, 2008.

Assmann, Jan, Das kulturelle gedächtnis Schrift, Erinnerung und politische Identität in frühen Hochkulturen, 4. Aufl. Edition, München: Beck, 2002.

Nora, Pierre, Les Lieux de mémoire I/ La République, Paris: Gallimard. 1984.

Nora, Pierre, Les Lieux de mémoire II/La nation. Paris: Gallimard, 1986.

Nora, Pierre and Maurice Agulhon, Les Lieux de mémoire III/ Les France, Paris: Gallimard, 1992.

Ricoeuur, Paul, La mémoire, l'histoire, l'oubli. Paris: Seuil, 2003.

Halbwachs, Maurice and Gérard Namer, Les cadres sociaux de la mémoire. Paris: Albin Michel, 1994.

Halbwachs, Maurice, La topographie légendaire des évangiles en terre sainte; étude de mémoire collective, 2. éd. Edition. Paris, Presses universitaires de France, 1971.

Ricoeur, Paul, "Evénement et sens", in L'espace et le temps, Actes du XXIIème congrès de l' Association des sociétés de philosophie de langue fran? aise Dijon: Vrin, 1990.

Lavabre, Marie – Claire, "Entre histoire et mémoire: à la recherche d'une méthode", in La guerre civile entre histoire et mémoire, ed. Jean – Clément Martin. Nantes: Ouest Editions, 1995.

Becker, Annette, Maurice Halbwachs, un intellectuel en guerres mondiales (1914 – 1945), Paris: Agnès Viénot Editions 2003.

Pierre Nora and Youri Afanasiev, "Mémoire", in Afanassiev, Youri and Marc Ferro eds. 1989. 50 idées qui ébranlent le monde: Dictionnaire de la Glasnost, Paris: Payot.

Etienne, Franois and Schulze Hagen (eds.), Mémoires allemandes, Paris: Gallimard, 2007.

Isnenghi, Mario, L'Italie par elle – même. Lieux de mémoire italiens de 1848 à nos jours, Paris: éd. Rue d'Ulm, 2006.

Lavabre, Marie – Claire, "Usages de l'histoire, usages de la mémoire", Revue Française de science politique, 1994.

Nora, Pierre, "La mémoire collective", in La nouvelle histoire, ed. Jacques Le Goff. Paris: Retz – CEPL, 1978.

Ansart, Pierre, "Manuels d'histoire et inculcation d'un rapport affectif au passé", in Manuels d'histoire et mémoire collective, Université de Paris VII, 1981.

Rousso, Henry, Le syndrome de Vichy De 1944 a Nos Jours, Paris: Seuil. 1987.

Rousso, Henry and Philippe Petit, La hantise du passé: entretien avec Philippe Petit, Paris: éditions Textuel, 1998.

Stora, Benjamin, La gangrène et l'oubli: la mémoire de la guerre d'Algérie. Paris: La Découverte, 1991.

Rousso, Henry, "Das Dilemma eines europäischen gedächtnisses." Zeithistorische Forschungen/Studies in Contemporary History 1 (Online – Ausgabe), 2004.

Gouez, Aziliz, "La question de l'identité européenne dans la construction de l'Union", in Reconnaaitre ce qui nous lie: l'identité européenne, 2005, in http://www. notre – europe. eu/fr/axes/visions – deurope/travaux/publication/la – question – de – lidentite – europeenne – dans – la – construction – de – lunion/.

Laplanche, Jean, "Entre déterminisme et herméneutique, une nouvelle position de la question", in Laplanche, Jean. La Révolution copernicienne inachevée, travaux 1965 – 1992, Paris: Aubier, 1992.

Confino, Alon, *Germany as a Culture of Remembrance: Promises and Limits of Writing History*, Chapel Hill: University of North Carolina Press, 2006.

[本章作者　玛丽 – 克莱尔·拉发布勒（Maric – Claire Lavabre）]

第 三 章

信息通信技术与英国废除奴隶贸易
200 周年纪念：是庆祝还是自责

    2007 年，英国举行了废除跨洋奴隶贸易 200 周年的纪念活动。本章将对此进行个案研究，探讨信息通信技术（ICTs）在塑造社会记忆时的作用。哈布瓦赫（Halbwach）认为，记忆是社会群体的产物，该主张对西方哲学传统上的个人主义假设是一个精妙的挑战①。而该理论的一个主要弱点是其对记忆传播的忽视：它几乎没有提及记忆如何在同一个社会群体中或不同代际间传播②。实际上，对这一传播过程的研究目前十分有限，而且往往强调纪念仪式和形体语言（如手势和举止）的角色③。对技术发展所起到的作用的关注就更少了。然而，90 年代初以来，信息革命的加速，对如何通过信息通信技术来构建和传播社会记忆这一问题产生了一种让

---

① Maurice Halbwachs, *On Collective Memory*, Chicago and London：University of Chicago Press，1992（1941）. 有关这点在认识论和本体论意义上更加深入的研究，参见 Paul Ricoeur, *Memory*, *History*, *Forgetting*, Chicago and London：Chicago University Press，2004。

② Paul Connerton, *How Societies Remember*, Cambridge and New York：Cambridge University Press，1989, p. 38.

③ 有关超越仪式和庆典去发展形体语言的角色，参见 Paull Connerton，同上书。

人特别感兴趣的影响①。

一　2007 年废除奴隶贸易 200 周年纪念

　　想要探讨信息通信技术对社会记忆的影响，这次废除奴隶贸易
200 周年纪念活动，从很多角度上讲都是一个非常合适的研究案
例。首先，英国一直试图在一个种族多元化的社会里建立起共同的
国家记忆，而在这一过程中，废除奴隶贸易的行动占有特殊的地位。
　　一方面，英国议会于 1807 年 3 月 25 日通过了废除奴隶贸易的
法案，这是一个令人自豪的事实，自此，通过船只运输奴隶在整个
大英帝国境内都属于非法活动。英国并不是第一个取缔奴隶贸易的
国家，这项殊荣属于丹麦，它在 1792 年便禁止奴隶出口②。然而，
即使是在法案公布之后，英国在当时仍然是奴隶贸易的主要国家，
直到 1833 年解放法案出台后，英国才彻底废除了奴隶制。但在英
国的社会记忆中，1807 年法案是全面废除奴隶制度的第一步。
　　另一方面，作为 18 世纪末奴隶贸易的主要国家，英国在奴隶
制问题上有一种特殊的负罪感。现在英国政府承认，在奴隶贸易过
程中，整体上约有 1200 万非洲男人、妇女和儿童被赶出自己的家
园，运到美洲殖民地，其中约 200 万人死亡。还有人认为，流离失
所的人数高达 2000 万。1792 年，当时的首相威廉·皮特（William
Pitt, the Younger）将奴隶贸易形容为 "我们国家品质上永远抹不
掉的最大耻辱"，他表示，英国人民应当背负这种特殊的历史
负担。

---

　　①　我将互联网在 20 世纪 90 年代初的商业化作为信息革命的开端，是因为它在某
种程度上使一种曾经为科学界专有的技术有了快速扩张和轻易获得的可能。
　　②　参见 http://www.unesco.no/fredensborg/danish - norwegian_ slave_ trade/。

　　和其他受到奴隶制影响的社会一样，在如何铭记这一段历史的问题上，人们并没有什么共识。事实上，相比于暴行的规模和它在理解、管理当今英国社会族群构成上的重要性，奴隶贸易在国家记忆中可以说处于非常不重要的地位。对于各个利益相关集团来说，这次废除奴隶贸易 200 周年纪念既是一个挑战，也是一个机遇；既关乎它如何在大不列颠王国内部紧密相连，也关乎这些纪念活动如何影响世界的其他地区。

　　此外，奴隶贸易的跨国性意味着这次纪念活动对英国以外的更广泛的国家与社会群体的社会记忆也具有重要的意义。其中至少包括欧洲的许多国家、非洲大部分地区、部分阿拉伯国家和美国。和英国一样，这些国家和社会对奴隶制记忆的处理也产生了争议。例如在美国，1865 年废除奴隶制后，对奴隶制受害者后裔的赔偿问题就被列入了政治议程，近期它又在民权运动和其他律师与政治家团体的帮助下被重新提出。一些非洲国家的政治议程中也同样出现了赔偿问题。但是即使在非洲，它的可行性能否超出"证明以欧洲为中心的历史观的可信性，并纠正其排外的世界观"依然存在争议①。

　　由于奴隶贸易给英国社会记忆带来的敏感性及其与英国以外的更广泛的国家与社会群体间的联系，进行任何形式的 200 周年纪念活动都会产生广泛的影响，而且很可能带来意想不到的后果。因此，这个事件为我们提供了一个很好的研究案例，可以用来探讨信息通信技术如何与纪念活动相互作用并对一个争议性事件形成社会记忆的过程中的政治动力产生影响。这类事件远远没有任何形式上的历史定论，更不用说达成一致了。

　　下面要讨论的观点是，信息通信技术并没有使奴隶制的废除成

---

　　①　Wole Soyinka, *The Burden of Memory*, *The Muse of Forgiveness*, Oxford University Press, 1999.

为一个可以通过普通仪式来进行纪念或庆祝的事件，但却使有关负罪感和赔偿要求的争论变得更加便利。其结果是加剧了社会内部和不同地理区域之间记忆的冲突，而不是建构起一个得到全球认可的记忆版本。

二　英国的记忆管理

鉴于奴隶贩卖这种暴行的巨大规模，在英国却只有很少人知道奴隶制是国家历史的一部分及其在当今社会形成上的角色。这种情况便令人感到不正常了。2007 年，废除奴隶贸易 200 周年纪念的到来，使英国政府面临着某种两难的境地：对于怎样更为妥当地在社会记忆中安排这一事件的问题，社会上出现了不同的想法，而政府必须调解不同社会因素之间相互冲突的诉求。这些群体中最突出、最有影响力的是曾经参与奴隶贸易的市政府、皇家海军（因其骄傲于在公海上废除奴隶贸易时发挥的作用）、媒体、非政府组织和各种活动团体。所有这些群体都承认，人们应该通过诸如出版物、博物馆展览、庆典、演出和校园活动等多种途径来纪念奴隶贸易的废除。但是，在这次 200 周年纪念到底应该是一个庆祝机会还是一个赎罪机会的问题上，各方有着根本的分歧。一些有影响力的人认为，纪念的重点应该是英国作为解放者的功绩，而不是任何形式上的认罪。另一些人则要求政府就奴隶贸易正式道歉，甚至有可能要求对其造成的破坏进行追溯性的赔偿。

而英国政府的愿望让解决这些冲突意见变得更加复杂。政府希望利用这个机会宣传自己的政策以及在国内种族关系与国际发展等领域内的成就，从而提高自身的形象。因此，政府非常积极主动地采取措施来制定 200 周年纪念活动的议程。

早在 2006 年 1 月 19 日，副首相约翰·普雷斯科特（John Prescott）就宣布，活动将由200周年纪念咨询小组（BAG）在全国范围内进行协调　并由他本人担任小组主席一职。这个咨询小组的组建为那类被政府视为"有影响力的利益相关者"的社会团体提供了一个很好的指导。

三　200周年咨询小组的构成

中央政府

副首相约翰·普雷斯科特（John Prescott）：主席

文化部部长戴维·拉米（David Lammy）：文化传媒与体育部

妇女与平等、种族、信任与凝聚力部部长梅格·芒恩（Meg Munn）：社区及地方政府部

政务次官弗农·柯克（Vernon Coaker）：总部

瓦莱丽·阿莫斯男爵夫人（Valerie Amos）：上议会议员

罗拉·扬男爵夫人（Lola Young）：文化遗产顾问

特雷弗·菲利浦斯（Trevor Phillips）：种族平等委员会

黑兹·贝尔德（Hazel Baird）：一体化和公民项目负责人

地方政府

戴维·罗格议员（David Rogers）：地方政府协会

米奇·阿布福德，威尔伯福斯2007（Mitch Upfold，Wilberforce 2007）：赫尔市议会

保罗·巴内特（Paul Barnett）：布里斯托尔市议会

李·贾斯珀（Lee Jasper）：大伦敦管理局

宗教组织

理查德·瑞迪（Reddie）：英格兰总教会

约尔·爱德华神父（Reverend Joel Edwards）：福音联盟

大卫·缪尔博士（Dr David Muir）：福音联盟

大卫·伊舍伍德（David Isherwood）：克拉彭圣三一教会

索尼娅·巴伦（Sonia Barron）：大主教理事会

国家文化组织

罗伊·克莱尔（Roy Clare）：国家海事博物馆

杰克·罗曼教授（Jack Lohman）：伦敦博物馆

戴维·弗莱明教授（David Fleming）：利物浦国家博物馆

卡伦·布鲁克菲尔德（Karen Brookfield）：遗产、彩票、基金政策负责人

媒体

安娜－尚塔尔·巴德杰（Anna－Chantal Badjie）：英国广播公司（BBC）

萨利·米尔恩（Sally Milne）：独立电视台（IT）

非政府组织（民间社团）

阿瑟·托林顿（Arthur Torrington）：埃奎亚诺协会

詹姆斯·沃尔温教授（James Walvin）：约克大学

林肯·克劳福尔德（Lincoln Crawford）：作家与律师奴隶制研究协会

蒂姆·汉考克（Tim Hancock）：大赦国际

贝弗利·托马斯（Beverley Thomas）：多样性顾问

克里斯·穆拉德（Chris Mullard）：诺丁汉狂欢节委员会

艾丹·麦克奎德（Aidan McQuade）：国际反奴隶制协会董事长

杰森·哈勃罗（Jason Harborow）：利物浦文化会所首席执行官

除了200周年咨询小组（简写为BAG）外，还有56个得到政府认可的组织积极参与举办纪念活动，其中包括中央政府机构、地方政府、博物馆、美术馆、舞蹈团、教会组织、皇家海军和一些教育机构。这些团体在活动宣传方面作出了相当大的努力。政府在全国范围内共列出了83个活动，而每个活动都有自己的专属网站。

与国家有着密切联系的大型商业机构也参与了这些活动。皇家邮政局特别发行了一套表现废除奴隶贸易的邮票和一枚面值 2 英镑的纪念币。这类活动强调的是包容与和谐。皇家邮政局负责人对咨询小组解释说，邮票在设计过程中参考了黑人群体的意见，聚焦于那些有才华的人，并且避免"任何可能被认为敏感的有关奴隶制的图像"①。

在这次纪念活动中，英国广播公司也发挥了重要作用。它主要对重点群体、外部团体和个人进行了访谈，邀请他们向英国广播公司讲述奴隶制的故事，同时也在黑人和白人青少年中组织了具有挑战性的讨论。自 2007 年 3 月起，英国广播公司播出了一系列关于废奴的节目，还建立了一个名为 bbc. co. uk/slavery 的特别网站，并将其与当地的"我的所在地"（Where I Live）网站建立了链接。这些对所有人都开放，人们可以在此分享有关 200 周年纪念的信息，特别是在英国各地展开的活动②。

教育系统也参与了 200 周年纪念与传播活动。正如教育和技能部部长艾伦·约翰逊（Alan Johnson）在 200 周年咨询小组第三次会议上所说，英国的儿童已经知道历史上存在过奴隶制，因为他们在 11—14 岁时都要学习一门名为"1750—1900 年的英国"（Britiain 1750 – 1900）的全国性课程，其中包括贸易、移民、工业化和政治变革。同时，他们还可以选择一门"选修课"来做进一步的学习。此外，在公立学校还发起了名为"2007 大对话"（The Big

①　Presentation by Juliette Edgar to BAG, Minutes of the 5th Meeting of the Advisory Group of the 2007 Bicentenary of the Abolition of the Slave Trade in the British Empire Act. Website of the Office of the Deputy Prime Minister. 参见 http: //archive. cabinetoffice. gov. uk/dpm/upload/assets/www. dpm. gov. uk/19 – 12 – 06 _ 5th _ meeting _ of _ the _ advisory _ groupp. doc.

②　Testimony to BAG by Chantal Badjie, Project Director for BBC Abolition Season 2007. Minutes of the 5th Meeting of the Advisory Group of the 2007 Bicentenary of the Abolition of the Slave Trade in the British Empire Act, Thursday 19 December 2006.

Conversation 2007) 的特别倡议。针对 11—14 岁的儿童，教育和技能部与五所博物馆联合提出了"认识奴隶制行动"（understanding Slavery Initiative）。政府部门资助这五所博物馆的目的，是为了鼓励教育工作者和学生研究全国性课程，尤其是历史和公民课程内讲述的奴隶制历史及其遗产。通过对公民课程提出的一些基本问题，学生可以合作进行一项有创造性的研究，并可以以文章、音频或短片的形式进行评比。一个名为"理解奴隶制"（understanding slavery）的网站对这项研究提供了全方位的支持，而且专门针对 11—16 岁的儿童设计了一个新的网站①。

四　政府的作用

乍一看来，咨询小组的人员构成似乎在英国社会具有广泛的代表性。此外，值得注意的是，副首相的名字时时刻刻提醒着咨询小组的其他成员，政府是不应该被控制的。普雷斯科特强调，它不是一个国家筹备委员会，而是一个提供更广泛的、讨论此次纪念活动的目标和机会的"共鸣板"（sounding – board）。会议期间，他们有时也讨论该如何鼓励较小的民间团体而不是大的利益相关者为此次纪念活动提供资金支持。

尽管政府采取了这一包容、放手的方式，但是，咨询小组里大量政府部门的部长构成了一股非常强大的力量。首当其冲的是文化部部长戴维·拉米，他可以利用会议来表达自己的愉快心情：由于

---

① Testimony of Alan Johnnson, Minutes of the 3rd Meeting of the Advisory Group on the 2007 Bicentenary of the Abolition of the Slave Trade in the British Empire Act, Website of the Office of the Deputy Prime Minister. 参见 http：//archive. cabinetoffice. gov. uk/dpm/upload/assets/www. dpm. gov. uk/13 – 07 – 06_ 3rd_ meeting_ of_ the_ advisory_ group_ . doc。

遗产彩票基金会①的 1600 多万英镑拨款，文化部门已是一个强有力的领导。该款项的目的是进行那些"令人激动的创新项目，使 200 周年纪念和当代人密切相关"②。

　　其他从事项目工作的政府部长包括保罗·高格金斯（Paul Goggins）（种族平等部）、梅格·芒恩（政务次官，主管社区和地方政府中妇女和平等、种族、凝聚力和信仰部门）和弗农·柯克（政务次官，主管民政办公室）。而其中权力最大的当然是普雷斯科特本人。在担任咨询小组主席的同时，他还是港口城市赫尔（Hull）的国会议员，具有特殊的地位。他在自己的网站中强调，正因为如此，他与威尔伯福斯（Wilberforce，出生在赫尔并在那儿当选下院议员，于 1787 年首先倡导废除奴隶制——译注）有了某种结合，这赋予了他和过去之间的一种特殊联系③。

　　如上所述，从宣布正式开始纪念活动的那一天起，普雷斯科特就不失时机地为纪念活动定下了基调。他宣布首相办公室的议程不仅反映了过去的抗争，也反映了"我们所取得的进展和仍然面临的挑战"。通过宣传威尔伯福斯的精神，他在其网站上一再解释自己的工作宗旨：

　　2007 年，人们应当记住威廉·威尔伯福斯所获得的成就及其

---

　　①　遗产彩票基金会（HLF）由英国议会在 1994 年设立，用国家彩票分配的一些资金来支持范围广泛的地方、地区乃至全国性的英国遗产项目。该组织与国家含糊不清的关系显示在它"非政府部门公共机构"的地位上。如同遗产彩票基金会自己网站上的解释："这意味着，尽管我们不是政府部门，但国家文化、媒体和体育部会给我们财政支持和政策指导，而我们要通过该部门向议会汇报工作。与此同时，我们对个人申请和相关政策决定是完全独立的。"参见 http：//www. hlf. org. uk/English/AboutUs/。

　　②　Avid Lammy at 1st Meeting of the 2007 Bicentenary Advisory Group on Commemorating the Abolition of the Slave Trade, Thursday 19th January 2006. Website of the Deputy Prime Minister.

　　③　The Deputy Prime Minister 的网站，参见 http：//archive. cabinetoffice. gov. uk/dpm/slave_ trade_ bicentenary. html。

经历的大量苦难。这次纪念是一个很好的机会，它反映了过去的抗争，也反映了我们所取得的进展和仍然面临的挑战①。

首相办公室无论什么时候都非常清楚，这种与过去建立联系的方法是以"女王陛下政府"（Her Majesty's Government）的名义进行的。最为重要而且引人注目的是一本光鲜亮丽、题为《1807—2007：废除奴隶贸易法案 200 周年纪念》的杂志，任何人都可以免费从中央政府的网站上下载到这份杂志的 PDF 版本②。

五　官方的版本

这份由首相办公室出版的杂志给人留下了相当深刻的印象。杂志简要地介绍了奴隶贸易的历史，奴隶每天所遭受的折磨、奴隶船上惨无人道的行为、奴隶对奴隶主发起的抵抗以及废奴运动者的英雄事迹。虽然这是一份政府出版物，但要摆脱政治目的并不困难。实际上，这正是首相托尼·布莱尔（Tony Blair）毫不掩饰地在前言中提出的，并配有一幅他本人微笑的照片。他指出，奴隶贸易"作为历史上最不人道的生意而被千夫所指"（注意他漏了"我们的"），接下来他笔锋一转，开始描述如何"值得庆幸的是，在1807 年 3 月 25 日，英国成为首批废除奴隶贸易的国家之一。"他接着解释道，200 周年纪念不仅提供了一个"说明奴隶贸易是多么可耻"的机会，还让"我们对过往发生的事表示深切的悲痛，并为我们今天能够生活在不同且更美好的时代而感到高兴"。

布莱尔以此阐释了这个关键的政府声明：通过扩大英国罪行的

---

① Website of the Deputy Prime Minister.

② *Bicentenary of the Abolition of the Slave Trade Act* 1807 – 2007, Department for Communities and Local Government, 2007, 参见 http：//www. direct. gov. uk/en/slavery/DG _ 067157。

责任来记住奴隶贸易，使英国在废奴问题上享有特别的信誉，然后将纪念活动和"我们今天生活在一个更好的时代"（better times we live in today）联系在一起。

布莱尔的谈话进一步发展了这种现在与未来之间的联系。他解释道，200 周年纪念是一个机会，让人们认识到非洲和加勒比海地区为"我们的国家"（our nation）作出了怎样的贡献。他承认"在人人都能够享受各自应得的生活机会之前，仍然需要克服许多障碍"，并进一步深化这一主题，阐述了他所领导的政府打算如何加大力度消除生活在英国的非洲人和加勒比人后裔所遭受的不平等待遇。他还将这一纪念活动与他的外交政策联系起来，强调他是如何处理"非洲大陆和残酷的现代奴隶制，如贩卖人口和童工所带来的挑战"。

根据这个将过去、现在和未来联系在一起的框架，杂志在后半部分提供了更多的信息来说明英国政府正在让世界变得更加美好。其中"21 世纪的奴隶制"一节提到，今天世界上还有大约 1230 万人正遭受奴役。这一数字包括人口贩卖、基于血统的奴隶（descent - based slavery）（因属于受到社会歧视的群体而生来便成为奴隶的人）、强制性家庭奴隶（forced domestic servitude）（往往是一种具有隐蔽性的奴隶制，强迫人们在私人住宅中工作），还有最悲惨的童工（worst forms of child labour）。一张图表对这个数字进行了地理区域上的划分。图表上显示，迄今为止，亚太地区的奴隶人数最多，达到 930 万，远远超出排名第二的拉丁美洲和加勒比地区，那里的奴隶人数为 130 万。其余地区的奴隶数目都在数十万左右。不用说，图中并未列出欧洲和北美地区①。

在另一节题为"今天的问题：200 周年的遗产"（Today's Issues：Legacy of the Bicentenary）的栏目中，杂志列出了布莱尔政府

---

① *Bicentenary*, pp. 24 - 25.

制订的各种方案，目的是为了促进种族平等，消除贫困并改善教育。其中包括自 1997 年起政府已经增加了一倍的援助预算，取消了贫穷国家的债务，成功地推动了八国集团和欧盟的合作以重申联合国新千年的发展目标，并为世界各地的儿童教育提供了 85 亿英镑的资金支持①。

最后，杂志以普雷斯科特撰写的后记作为结尾，同样附有一张他微笑的照片。在回顾了皮特关于奴隶贸易是"民族特征上的最大耻辱"的说法之后，普雷斯科特再次为自己继威廉·威尔伯福斯之后担任赫尔市的议员而感到无比自豪。接下来，他回顾了英国在世界范围内取得的成就，提到他在最近对塞拉利昂和加纳的访问中，目睹了这两个国家是如何"同样为英国国会法案的周年纪念举行了庆典"。在文章的最后一段，他再次指出，此次周年纪念必须要向前看，"过去提醒了我们，我们要加强对未来的承诺，使一切人都能获得社会正义和自由"②。

对这本杂志可以提出很多意见。首先，奴隶贸易并没有被认为是英国的罪行。例如，托尼·布莱尔就将它淡淡地描写为"历史上一起非人道的事件"。历史的叙述虽然也将英国作为罪犯之一当做重点，但更强调在奴隶贸易持续的近 400 年间，欧洲人奴役着数百万非洲人③。布莱尔在声明英国在废除奴隶贸易问题上作出了突出的贡献时并没有那么谨慎——当然，他没有提及道歉或赔偿事宜。与之相反，布莱尔克制自己不对这段耻辱的历史表现出"悲伤"之情，而是告诉读者，他现在领导的和以后的英国将执行一系列政策，使世界变得更加美好，大家应该为这个"更好的时代"感到高兴。不过，应该记住的是，这一将布莱尔的成就与废除奴隶

---

① *Bicentenary*, p. 26.
② 同上书，第 29 页。
③ 同上书，第 2 页。

贸易的荣光联系在一起的尝试开始于 2007 年，而当时他正因为作出与美国一起入侵伊拉克的决定导致声望下滑并遭到国际谴责。

六　道歉和赎罪的问题

然而，尽管此次 200 周年纪念已经列入了中央政府的议程，利益相关方之间仍然就应该如何组织庆典产生了一系列不同意见。分歧的中心在于：200 周年纪念到底应该是一个庆祝英国伟大成就的机会，还是一个道歉并为一种反人类的历史罪行进行赎罪的机会。

一些有影响力的利益相关方因此开展了它们自己的行动，而这些活动在不同程度上偏离了官方议程的基调。尤其是宗教团体，它们对强调道歉的诉求起了重要的作用。例如，在 2006 年 2 月，英格兰教会的理事机构宗教大会（General Synod）投票通过了向奴隶贸易受害者的后裔道歉的决定。作为教会的负责人，坎特伯雷大主教威廉斯博士明确指出，历史的距离不足以消除对当前现状的指责，他说：

"基督的身体并不仅仅是一具存在于某段特定时间内的肉体；它存在于整个历史之中，因此我们也分担着前人的耻辱和罪恶。我们与他们同在基督的身体之中，所能做的那一部分，就是为承认过错而祈祷，这种过错不仅属于遥远的'他们'，也属于我们自身。"①

作为核心城市群（core cities group）的成员，赫尔、伦敦、利物浦、布里斯托尔等过去的奴隶港口城市主动采取行动，对这种道

---

① Church apologises for slave trade，BBC News Channel，参见 http：//www. news. bbc. co. uk/1/hi/uk/4694896. stm。

歉的诉求表现出了类似的关注。例如在咨询小组内,布里斯托尔市议会文化部负责人保罗·巴内特(Paul Barnett)宣布,他的组织在 1 月份已经签署了为奴隶制道歉的声明。布里斯托尔市代表阿西夫·汗(Asif Khan)也证实,该市将作出自己的声明,并询问普雷斯科特是否会出台一份官方的道歉声明。普雷斯科特回答说,他将与首相讨论这一问题。大伦敦管理局代表李·贾斯珀(Lee Jasper)还指出,伦敦市长肯·利文斯通(Ken Livingstone)已经代表该市作出了道歉①。

　　然而,正如那本政府杂志所暗示的一样,首相并没有作出任何可以被解释为代表英国进行正式道歉的赎罪表示。道歉的缺失成为了媒体讨论的焦点。2006 年 11 月 27 日,托尼·布莱尔在一份名为《新国家》(New Nation)的报纸上发表了他关于纪念的个人声明,这是一份针对非洲裔加勒比人群的报纸。该声明同时也发布在首相的个人网站上②。他字斟句酌地表示"很难相信一项如今被视为反人类的罪行在那时是合法的",在接下来重申政府传统做法的中心主题时,他说了如下关键的话:

　　"我个人认为,200 周年纪念给我们提供了一个机会,不仅是去说明奴隶贸易是多么深刻的可耻,我们多么谴责这种行为并赞扬那些为废奴而斗争的人,同时也要表达我们对过往事实的深切悲痛,要为我们生活在今天这样一个不同的、更美好的时代感到高兴。"

　　布莱尔的讲话意在为约翰·普雷斯科特向议会提交的由咨询小

---

　　① Testimony at 4th Meeting of the Advisory Group on the 2007 Bicenteneary of the Aboliton of the Slave Trade in the British Empire Act, 17, Website of the Office of the Deputy Prime Minister. 参见 http: //archive. cabinetoffice. gov. uk/dpm/upload/assets/www. dpm. gov. uk/17 – 10 – 06_ 4th_ meeting_ of_ the_ advisory_ group_ – _ notes. doc。

　　② "PMs Article for the New Nation Newspaper", 27 November 2006. Republished on Prime Minister's website, Number10. gov. uk. 参见 http: //www. number10. gov. uk/Page10487。

组进行协调的 200 周年纪念庆典政府计划消除误会。咨询小组的会议记录上只是写着首相的声明得到了"普遍的好评"。当普雷斯科特问咨询小组是否知道围绕声明一事产生的任何紧张关系时，工党贵族阿莫斯男爵夫人表示，发表在《新国家》上的声明已经"引发了关于道歉、遗产和教育问题的辩论"①。

　　这只是一种轻描淡写的说法。关于 200 周年纪念该被视为一个赎罪还是庆祝的机会，英国国内掀起了更为广泛的争论。在这种背景下，英国政府拒绝作出正式道歉的重要性才能被理解。除了要承受来自一些咨询小组内部成员的压力外，布莱尔还不得不对一些比较激进的人士和社区领袖施加的压力做出回应。这些人中包括反奴隶制团体、人权活动家、伦敦市市长利文斯通、许多教会人士和英国国教智囊团艾克利西亚（the UK Christian Think Tank Ekklesia）②。他们要求官方进行正式道歉，因为这标志着处理过去和在未来寻求正义的真诚意愿。

　　至少在 200 周年纪念来临的两年之前，这种行动就已经开始了。当时有一个名为"胜利之约"（Rendezvous of Victory）的压力集团，为了抗击奴隶制的遗留问题，要求英国女王进行道歉。在布莱尔发表声明之后，他的联合协调人科菲·马乌利·克鲁（Kofi Mawuli Klu）对《观察家》报表示，他对将奴隶制当成过去这一提法感到失望。他解释说："欧洲统治阶级对非洲人民的奴役已经给他们带来了无法磨灭的伤害，布莱尔的提法无异于雪上加霜……由此传递出的信息是，如果你对非洲人民犯下了罪行，你大可不必承担责任。甚至当你知道自己做错了的时候，也不觉得有道歉的必

---

　　①　5th Meeting of the Advisory Group on the 2007 Bicentenary of the Abolition of the Slave Trade in the British Empire Act, Website of the Office of the Deputy Prime Minister. 参见 http：//archive. cabinetoffice. gov. uk/dpm/upload/assets/www. dpm. gov. uk/19 – 12 – 06_ 5th_ meeting_ of_ the_ advisory_ groupp. doc。

　　②　参见 http：//www. ekklesia. co. uk/node/4918。

要，只要做出一个象征性的姿态就行了"。①

　　泛非洲赔偿联盟（The Pan African Reparation Coalition）的埃斯特·斯坦福（Esther Stanford）的说法触及了官方道歉的软肋。她在英国广播公司的节目中说："我们现在谈论的是物质上的道歉，后面紧跟着包括经济补偿在内的各种赔偿措施。如果我们现在不去解决这个问题，等于说你可以在对非洲人民犯下反人类罪之后逃避惩罚。"②

　　然而，布莱尔还必须考虑到另外一些有影响力的人群的意见。他们强调的是，200 周年纪念不应该成为一个国耻纪念。正如保守派思想家的代表、《观众》（The Spectator）杂志前任主编查尔斯·摩尔（Charles Moore）所认为的那样："布莱尔先生没有道歉的必要。不管怎样，他都不用为奴隶贸易负责。他向非理智投降了，而且为他的连任带来了很多麻烦。"他指出，英国在那时的所作所为是被全世界认可的，许多从事奴隶贸易的都是非洲人和阿拉伯人，而且直到现在，在像达尔富尔那样的地方，那些人还在不断地犯下这种反人类的罪行。摩尔并没有过多地谈论犯罪的问题，而是指出，只有基督教的良知才能真正废除奴隶制度。他还说，威尔伯福斯其实是保守党人。但正如摩尔所指出的那样，重点是布莱尔必须要作出"一种有点卑躬屈膝的姿态，但实际上没有什么能让他做出那些压力集团要求的'赔偿'。这相当可耻，但或许可以归咎于这种推卸责任的把戏的本质，所以也还可以理解"。

————————

　　① "Blair：Britain's 'sorrow' for shame of slave trade", The Observer, 参见 http：// www. guardian. co. uk/politics/2006/nov/26/race. immigrationpolicy。

　　② "Blair 'sorrow' over slave trade", BBC News. 参见 http：//www. news. bbc. co. uk/ 1/hi/uk_ politics/6185176. stm。

七 国际传播与影响

由于英国政府鼓励通过网站来对公众进行大量纪念活动的宣传，有关正式道歉的问题迅速扩展到海外。具有讽刺意味的是，有关 200 周年活动的信息开始大量传播；而这正是由于政府打算通过利用信息和通信技术，在跨国奴隶贸易遗留下的历史联系的基础上缔造一种新式的英国庆典，使得纪念活动与英国以外的人们联系起来。在这一方面，与联合国开展的反奴隶制活动建立联系就显得尤为有用，就像人们看到的那样，在英国的支持下，加勒比国家在联合国大会上提出一项共同决议，要求为国际奴隶贸易的牺牲者恢复名誉[①]。

核心城市小组的成员们也非常希望能够通过联合国建立国际联系。利物浦和大伦敦市政府都决定将 8 月 23 日定为它们的官方纪念日，因为这一天也是联合国教科文组织为纪念奴隶贸易及其废除而制定的国际纪念日。但需要说明的是，这个日子与英国的社会记忆没有太大的联系，因为它纪念的是 1791 年的同一天：那一天，法国统治下的圣多米尼哥岛在一名叫图桑·欧文（Toussaint l'Ouverture）的奴隶的领导下成功地爆发了奴隶起义。1804 年 1 月 1 日，这块曾经的殖民地正式宣布成为独立的海地共和国，也是西半球继美国之后第二个宣告独立的国家。正如李·贾斯珀向咨询小组指出的那样，即便 8 月 23 日不是一个理想的日子——因为它并未经过议会讨论——但它的"国际庄严性"也足以使它被选中成为

---

① Blair Expresses "Sorrow" for Slavery, Will Bush Follow Suit? Black America Web. com, News Analysis, William Douglas. 参见 http：//news. newamericamedia. org/news/view_ article. html? article_ id = ab45b15f5689e5ba3dbed76e60243efe。

纪念日①。这种庆祝方式的国际化使得关于正式道歉的争论扩展到
了全世界，而这大概并不是英国政府所预料或希望看到的结果。然
而，形形色色的群体从世界各地对此发表了越来越多的直言不讳的
言论。许多国际非政府组织特别注意到布莱尔的声明，并对此表达
了他们的不满。世界基督教促进会（The World Council of Chur-
ches）汇集了许多世界上有影响力和传统性的基督教人士。2007
年3月16日，该促进会秘书长塞缪尔·科比亚（Samuel Kobia）最
先给英国首相布莱尔发出了一封公开信说道：

　　飘零在海外与非洲大陆上的非洲后裔们在等待一个明确的道
歉，等待欧洲国家明确承认他们曾经参与了这段可怕的殖民地历
史。也许在阁下的领导下，欧洲各国作为这段历史的一个组成部分，
可以开始讲明真相、进行忏悔与和解，从而促进人们就历史留下的
伤痕进行诚实与公开的对话，这是殖民地遗留问题的一部分②。

　　就像科比亚在他的信中指出的一样，如何进行纪念的问题当然
不仅仅局限于英国。事实上，整个英联邦范围内的教会，在美国、
非洲、拉丁美洲和欧洲各国，就如何创造最好的机会都进行了资源
共享和意见交流。这个过程也包含对教会与基督徒个人在创造一个
能够公正评判奴隶制的环境上应发挥何种作用的讨论。现在是
"英国代表"做出一个明确的象征性姿态的时候了。科比亚的建议
是采取在加纳的埃尔米纳城堡地牢中进行祷告忏悔的形式。地牢里

---

①　4th Meeting of the Advisory Group on the 2007 Bicenteneary of the Aboliton of the Slave
Trade in the British Empire Act. Website of the Office of the Deputy Prime Minister. 参见 ht-
tp：//archive. cabinetoffice. gov. uk/dpm/upload/assets/www. dpm. gov. uk/17 – 10 – 06_ 4th_
meeting_ of_ the_ advisory_ group_ – _ notes. doc。

②　Samuel Kobia "Letter to the UK prime minister, Tony Blair, from the WCC general sec-
retary on the occasion of the bicentennial anniversary of the abolition of the trans – Atlantic slave
trade". 参见 http：//www. oikoumene. org/en/resources/documents/general – secretary/messa-
ges – and – letters/16 – 03 – 07 – anniversary – abolition – of – trans – atlantic – slave –
trade. html。

有一个洞直通屋顶，使上面教堂里进行仪式的基督徒在祈祷时能够留意到下面被监禁的奴隶们。

一些更激进的国际非政府组织也加入到了批评的队伍中，将道歉的要求和赔偿问题明确地联系起来。例如，总部设在加拿大的全球非洲人国际大会（The Global Afrikan Congress International），给布莱尔写信要求，"对曾为英国人所奴役的非洲人的后裔进行毫无保留的道歉，他们直到今日还背负着奴隶制和殖民主义的沉重包袱"，并宣称，英国政府拒绝承担这一危害人类的罪行的行为"与英国的财富、人的发展和工业化有着千丝万缕的联系"。最好的做法不是试图让威廉·威尔伯福斯与其他英国上流社会成员为非洲人的自由负责，而是去寻求救赎，纠正历史的错误，建立一个国际委员会，将看待赔偿问题的眼光越过种植园主通过"几个世纪里进行的恐怖与不公正的行为"获得的 2000 万英镑，真正地补偿非洲人民，因为非洲大陆的欠发达在某种程度上是奴隶制长期持续的遗留问题的体现。海关总署主席西卡·托马斯在接受"多彩"网站采访时总结了他们的立场，他抱怨说："布莱尔没有道歉。这很可能被认为是一个错误，这确实不是道歉。"现在的任务是，在奴隶制的恐怖阴影散去 400 年后，所有生活在非洲大陆与海外的非洲人在赔偿问题上团结一致，并且坚持不接受"没有作出赔偿姿态"的"真诚"道歉①。

八　美国

或许，最敏感的问题是英国 200 周年纪念应该怎样和美国的活

---

①　"Global African resistance movement attacks Blair slavery apology"．参见 http：//www. iamcolourful. com/news/details/2338/slavery/。

动联系起来。鉴于北美殖民地是奴隶贸易的主要接受国和受益者，这种联系是无法回避的。然而，时至今日，奴隶制的记忆在美国政治中仍然是一个争议颇多的问题。一些在英国举办纪念活动的组织者的确去了美国，宣传他们的活动并尝试建立伙伴关系。例如，阿奎亚诺社团（The Equiano Society）的阿瑟·托灵顿就去了宾夕法尼亚州的费城。但就像他对咨询小组所说，他发现尽管美国人知道英国正在举行什么纪念活动，但他们仍然"非常羞于触及或谈论奴隶制问题"①。他解释道，要想提高那里的人们对现代奴隶制的认识，需要进行进一步的接触和对话。而英国在对奴隶制遗产上没有美国那么胆怯，比如利物浦的博物馆就展出了一套真正的3K党制服②。

在谈及对待奴隶制的态度时，托灵顿也许应该将美国人形容为非常"敏感"（sensitive）而不是"害羞"（shy）。尽管在美国，黑人民权运动往往将这个问题变得十分激进。特别是对奴隶制进行正式道歉的问题，长期以来，让许多美国总统伤透了脑筋。这场运动在1997年也进入了国会，当时，议员托尼·霍尔（Tony Hall）提出了一项法案，要求联邦政府对奴隶制道歉，虽然这并没有引起众议院的足够兴趣。但在200周年纪念临近之时，美国国会重新面临越来越大的压力，特别是民主党控制下的国会任命民主党众议员约翰·科尼尔斯（John Conyers）为众议院司法委员会主席之后，他曾经推动众议院通过一项法案，对奴隶制的影响进行了近16年的研究。

---

① 6th Meeting of the Advisory Group on the 2007 Bicentenary of the Abolition of the Salve Trade in the British Empire Act, Website of the Office of the Deputy Prime Minister. 参见 http://www.archive.cabinetoffice.gov.uk/dpm/upload/assets/www.dpm.gov.uk/22 - 03 - 07_6th_meeting_of_the_advisory_group_-_notes.doc。

② International Slavery Museum, Liverpool. 参见 http://www.liverpoolmuseums.org.uk/ism/collections/legacies/klu_klux_klan.aspx。

无论如何，和英国首相一样，美国总统已经停止一切有可能被视为代表美国国家与民族进行正式道歉的行动。克林顿似乎有向此方向作出重大推进的意向，他在1998年对乌干达进行的访问中曾为美国在奴隶制问题上的所作所为进行道歉。但是，最后他只是声明欧洲裔美国人享受奴隶贸易的成果"是错误的"。布什在2005年访问曾经是蓄奴地的塞内加尔戈雷岛时也发表了讲话，他在其中谈到奴隶制的错误和不公，讲述了"多年来残暴的惩罚、欺凌和奸淫使良知变得麻木不仁。基督教的男男女女无视他们信仰的明确指示，将不公正披上虚伪的外衣。"①

但是，和英国首相布莱尔一样，这种对遗憾和悔恨的表达被批评为远不及代表国家的正式道歉。与其他一些国家，如德国对它给犹太人造成的痛苦所表达的忏悔相比，布什的表现并不恰当。教皇约翰·保罗二世（Pope John Paul II）就罗马天主教在过去对非天主教徒犯下的罪恶道歉，澳大利亚就其虐待本国原住民的行为道歉，都衬托出了美国政府的不合时宜。布什甚至与布莱尔形成消极对比，后者在1997年曾表示，英国没有做更多事情来减轻19世纪40年代爱尔兰马铃薯饥荒带来的痛苦，他为此感到悲痛②。

当然，造成这种政治悼念与赎罪的敏感性长期激进化的一个重要原因，是正式道歉会牵涉支付赔款的法律义务。这曾经是一场边缘化的政治辩论，有关一项未被遵守的承诺，即给予美国内战后解放的奴隶"每人40亩土地和一头骡子"。最近这已成为一场大规模的政治和法律运动，要求政府和企业承认过去不公正的做法，对

① Cited in Carol M. Swain, "An Apology for Slavery", *Washington Post*, 2005；Page A17. 参见 http：//www，washingtonpost. com/wp－dyn/content/article/ 2005/ 07/ 15/ AR 2005071501559. html。

② Carol M. Swain, "An Apology for Slavery", Washington Post, Saturday, July 16, 2005；Page A17. 参见 http：//www. washingtonpost. com/wp－dyn/content/article/2005/07/15/ AR2005071501559. html。

生活在奴隶制遗留问题带来的消极影响中的人们进行赔偿。已经有一些组织，如全国律师协会、全国有色人种协进会、城市联盟等，它们在人权观察这样的国际组织的支持下，与美国黑人争取赔偿全国联盟这样的群体联合起来。律师队伍和赔偿组织甚至起诉像安泰保险、CSX 铁道和波士顿舰队金融这样的大公司，因为据称它们都从奴隶贸易中获利。费城、芝加哥和和弗吉尼亚州里士满等城市还通过法令，要求投标人在获得政府合同之前必须提供记录，从而判定他们是否参与奴隶制或从中赚取利润。

因而，这又是信息传播的另一个讽刺，尽管英国有许多人认为布莱尔在《新国家》上对"悲伤"的表述远远不够，但它推动了关于美国政府是否应该就自身问题道歉的辩论。在美国看来，特殊的时机增加了布莱尔声明的影响力。因为几个星期之后就是奴隶制正式终结的 141 周年纪念。1865 年 12 月 18 日，当时美国 36 个州中有 27 个立法通过了宪法第 13 修正案。正是这项立法解放了最后两个蓄奴州——特拉华州和肯塔基州的奴隶。而其他州或是通过政府行动，或是根据林肯于 1863 年 1 月 1 日起生效的解放宣言，早已解放了奴隶。

哈佛大学法学教授查尔斯·奥格勒特维（Charles Ogletree）曾参与过一些赔偿诉讼。美国黑人网（Black America Web，网址 http://www.blackamericaweb.com——编者注）报道，他赞扬布莱尔表现出了英国的悔意并在一个关键时刻对全世界作出了重要的姿态，他还说："我希望并祈祷美国政府和布什总统能够采取类似的行动。"他承认布莱尔的声明做得还不够，但认为这样至少可以在欧洲开始建设性的对话，而且对美国的愈合过程产生了同样的影响，这已经是在"以积极的方式向前迈进了"。理查德·E. 巴伯（Richard E. Barber）是美国赔偿小组（The US Reparations Group）的创始人，该组织代表 3500 万活着的奴隶后裔提起法律诉讼。他同意布莱尔的声明会产生一定影响的说法，并认为："如果你想构建一个市民社会，你就不能忽视这件事情。"①

　　不过，还有一样同等重要的事，那就是对待奴隶制记忆的态度的方式，这也取决于美英两国政府在涉及奴隶贸易问题上不同的外交政策立场。在英国成为八国集团的主席国时，布莱尔试图将非洲发展和债务减免问题作为他个人成就的主要支点。作为马里兰大学政治学教授兼非裔美国人领导学院院长，罗恩·沃尔特斯（Ron Walters）在美国黑人网上说："布莱尔的重点是当下的公共政策并推动美国在八国集团会议上做出行动，支持世纪挑战账户（Millennium Challenge Account）计划，他们正在做一些实际的债务减免工作。"换言之，布莱尔关于英国 200 周年纪念的表现，无形中增加了布什总统的压力，迫使他履行美国签署世纪挑战账户时做出的承诺，如为那些与腐败作斗争、尊重人权、投资教育和医疗、施行更开放的市场经济政策的国家提供更多发展资金等。但是，和布莱尔一样，布什的行动必须考虑到他国内政治背景下各种矛盾的声音。美国黑人网上发起的一场讨论表明，时任美国驻联合国大使的约翰·博尔顿（John Bolton）很可能已经告知他有关的赔偿问题和充满争议的巨额数字②。

九　结论

　　为了提高废除奴隶制 200 周年纪念的声誉，修复其在英国与世

---

　　①　Blair Expresses "Sorrow" for Slavery, Will Bush Follow Suit? Black America Web. com, News Analysis, William Douglas, 参见 http: // news. newamericamedia. org/news/view_ article. html? article_ id = ab45b15f5689e5ba3dbed76e60243efe。

　　②　Black America Web. com, News Analysis, William Douglas, 参见 http: // news. newamericamedia. org/news/view_ article. html? article_ id = ab45b15f5689e5ba3dbed76e60243efe，2006 年 12 月 5 日。

界各地社会记忆中的形象，英国政府、千禧年彩票基金（The Mil-
lennium Lottery Fund）和其他各种利益相关者花费了大量的人力、
物力和财力。在这个过程中，传统媒体新闻和电视都得到了最大限
度的利用。互联网这样的新媒体也作出了特殊的贡献，所有的活动
都在网上列出和宣传。虽然这些贡献对纪念 200 周年的方式产生了
重大的影响，但其结果往往背离了最强大的政治行为者的意图。

　　鉴于原来暴行的规模，200 周年纪念对英国社会记忆产生的影
响相当有限。信息和通信技术肯定可以帮助保持和发展奴隶制遗留
问题，而这些往往与社会记忆的实体化相互作用。一个很好的例子
是利物浦国际奴隶制博物馆的建立，它被用来纪念这 200 年的社会
记忆，并配有一个使用方便、设计精心的网站，提供有关博物馆的
信息和奴隶贸易的历史资料①。另一个持久的遗产是英国广播公司
为纪念 200 周年设立的有关废除奴隶制的网站。该网站虽然已不再
更新，但仍将继续存在②。BBC 还建立了另一个有关现代奴隶制的
网站，但自 2008 年 4 月以来一直没有更新，而且并没有把注意力
集中在英国在历史上扮演的角色上③。

　　与一些大型国家庆典相比，很难说这些遗产加起来对英国社会
记忆产生了多么重大的影响。如每年 11 月 11 日的第一次世界大战
停战纪念日，也就是下周日，会举行纪念日大游行，以此纪念所有
在战争中为国捐躯的人们。这仍然是一项重要的活动，我们可以看
到，它每年都定期举行，女王、首相和其他要人都会参加，媒体也
会报道。群众的参与表现在市民们佩戴着人工制作的罂粟花，义卖
所得的收入用于帮助照顾退伍军人。11 月 11 日上午 11 点整，将
有两分钟的默哀时间，这恰恰是停战协定签订之时。虽然随着时间

　　① 参见 http：//www. liverpoolmuseums. org. uk/ism/。
　　② 该网页为"废止奴隶制"（abolition），参见 http：//www. bbc. co. uk/abolition/。
　　③ 该网站名为"现代奴隶制"（Modern Slavery），参见 http：//news. bbc. co. uk/1/
hi/in_ depth/world/slavery/default. htm。

的推移和第一次世界大战在新一代人的记忆中的逐步消失，这些活动的参与者也在日益减少，但它仍然是一个能打动人心，而且出席人数较多的活动，并在英国的社会记忆中成功地修复了世界大战和目前阿富汗战争、伊拉克战争所带来的牺牲。

　　与此相比，废除奴隶贸易 200 周年纪念似乎不过是一次性事件，尽管它源于一场规模更大的人间惨剧。如今，奴隶制纪念日被定为 8 月 23 日，也就是联合国纪念日，而不是特别关注英国的、每年一次的常规事件。它当然没有像一般纪念日那样被仪式化。奴隶制也只被全国性课程当做英国历史的一小部分来提及①。此外，英国仅仅是设立了一些微不足道的论坛，如英国广播公司网站，而那里更主要的是在讲述诸如中国的监狱劳动和劳改制度是现代奴隶制的新形式等其他内容②。

　　毫无疑问，这样缺乏持久性的遗产传承，是因为"废奴"已成为离现今生活十分遥远的历史记忆。最终，尽管在最大限度上利用了传统媒体和新的信息通信技术，200 周年纪念活动在人群中产生的共鸣还是微乎其微，因为奴隶制已经不是这些人社会记忆的一部分，它在定期仪式、流行文化、媒体和教育方面都是空白。也许这正说明了信息通信技术在创造持久的社会记忆时的弱点。然而，我们必须承认，信息通信技术在围绕 2007 年举办的活动期间发挥了重要作用，它扩大了对责任、负罪感和赔偿的敏感话题的讨论范围，而对这些话题的讨论，往往超出了政府的意图。信息通信技术也使得公民社会的成员在奴隶制问题上出现一种竞争性的讨论，而

---

　　①　*History*: *Programme of Study for Key Stage* 3 *and Attainment Target*, p. 116. 参见 http: //curriculum. qca. org. uk/uploads/QCA－07－3335－p＿History3＿tcm8－189. pdf? return＝/key－stages－3－and－4/subjects/history/index. aspx% 3Freturn% 3D/key－stages－3－and－4/subjects/index. aspx。

　　②　Tim Luard, "China's 'reforming' work programme", 参见 http: //news. bbc. co. uk/1/hi/world/asia－pacific/4515197. stm。

这恰恰是正在兴起的全球性社会记忆的一个重要因素。

参考文献

Maurice Halbwachs, *On Collective Memory*, Chicago and London: University of Chicago Press, 1992 (1941).

Paul Ricoeur, *Memory, History, Forgetting*, Chicago and London: Chicago University Press, 2004.

Paul Connerton, *How Societies Remember*, Cambridge and New York: Cambridge University Press, 1989.

Wole Soyinka, *The Burden of Memory*, *the Muse of Forgiveness*, Oxfor University Press, 1999.

Presentation by Juliette Edgar to BAG, Minutes of the 5th Meeting of the Advisory Group of the 2007.

Bicentenary of the Abolition of the Slave Trade in the British Empire Act. Website of the Office of the Deputy Prime Minister, in http: //archive. cabinetoffice. gov. uk/dpm/upload/assets/www. dpm. gov. uk/19 – 12 – 06 _ 5th _ meeting _ of_ the_ advisory_ groupp. doc.

Testimony to BAG by Chantal Badjie, Project Director for BBC Abolition Season 2007. Minutes of the 5th Meeting of the Advisory Group of the 2007 Bicentenary of the Abolition of the Slave Trade in the British Empire Act, Thursday 19 December 2006.

Testimony of Alan Johnnson, Minutes of the 3rd Meeting of the Advisory Group on the 2007 Bicentenary of the Abolition of the Slave Trade in the British Empire Act, Website of the Office of the Deputy Prime Minister. in http: //archive. cabinetoffice. gov. uk/dpm/upload/assets/www. dpm. gov. uk/13 – 07 – 06_ 3rd_ meeting_ of_ the_ advisory_ group_ . doc. avid Lammy at 1st Meeting of the 2007 Bicentenary Advisory Group on.

Commemorating the Abolition of the Slave Trade, Thursday 19th January 2006. Website of the Deputy Prime Minister.

Bicentenary of the Abolition of the Slave Trade Act 1807 – 2007, Department for

Communities and Local Government, 2007, in http: //www. direct. gov. uk/en/slavery/DG_ 067157.

Church apologises for slave trade, BBC News Channel, in http: //news. bbc. co. uk/1/hi/uk/4694896. stm.

Testimony at 4th Meeting of the Advisory Group on the 2007 Bicenteneary of the Aboliton of the Slave Trade in the British Empire Act, 17, Website of the Office of the Deputy Prime Minister, in http: //archive. cabinetoffice. gov. uk/dpm/upload/assets/www. dpm. gov. uk/17 – 10 – 06_ 4th_ meeting_ of_ the_ advisory _ group_ – _ notes. doc.

"PMs Article for the New Nation Newspaper", 27 November 2006. Republished on Prime Minister's website, Number10. gov. uk. in http: //www. number 10. gov. uk/Page10487.

5th Meeting of the Advisory Group on the 2007 Bicentenary of the Abolition of the Slave Trade in the British Empire Act, Website of the Office of the Deputy Prime Minister, in http: //archive. cabinetoffice. gov. uk/dpm/upload/assets/www. dpm. gov. uk/19 – 12 – 06_ 5th_ meeting_ of_ the_ advisory_ groupp. doc.

"Blair: Britain's "sorrow" for shame of slave trade", *The Observer*, in http: //www. guardian. co. uk/politics/2006/nov/26/race. immigrationpolicy.

"Blair 'sorrow' over slave trade", BBC News. in http: //news. bbc. co. uk/1/hi/uk_ politics/6185176. stm.

Blair Expresses "Sorrow" for Slavery, Will Bush Follow Suit? Black America Web. com, News Analysis, William Douglas. in http: //news. newamericamedia. org/news/view_ article. html? article_ id = ab45b15f5689e5ba3dbed76e60243efe.

4th Meeting of the Advisory Group on the 2007 Bicenteneary of the Aboliton of the Slave Trade in the British Empire Act. Website of the Office of the Deputy Prime Minister. in http: //archive. cabinetoffice. gov. uk/dpm/upload/assets/www. dpm. gov. uk/17 – 10 – 06_ 4th_ meeting_ of_ the_ advisory_ group_ – _ notes. doc.

Samuel Kobia "Letter to the UK prime minister, Tony Blair, from the WCC general secretary on the occasion of the bicentennial anniversary of the abolition of the trans – Atlantic slave trade" in http: //www. oikoumene. org/en/resources/

documents/general – secretary/messages – and – letters/16 – 03 – 07 – anniversary – abolition – of – trans – atlantic – slave – trade. html.

"Global African resistance movement attacks Blair slavery apology". in http：//www. iamcolourful. com/news/details/2338/slavery/.

6th Meeting of the Advisory Group on the 2007 Bicentenary of the Abolition of the Salve Trade in the British Empire Act. Website of the Office of the Deputy Prime Minister. in http：//archive. cabinetoffice. gov. uk/dpm/upload/assets/www. dpm. gov. uk/22 – 03 – 07_ 6th_ meeting_ of_ the_ advisory_ group_ –_ notes. doc.

International Slavery Museum, Liverpool. in http：//www. liverpoolmuseums. org. uk/ism/collections/legacies/klu_ klux_ klan. aspx.

Carol M. Swain, "An Apology for Slavery" *Washington Post*, Saturday, July 16, 2005; Page A17. in http：//www. washingtonpost. com/wp – dyn/content/article/2005/07/15/AR2005071501559. html.

Black America Web. com, News Analysis, William Douglas, in http：// news. newamericamedia. org/news/view_ article. html? article_ id = ab45b15f5689e 5ba3dbed76e60243efe.

History：Programme of study for key stage 3 *and attainment target*, p. 116. in http：//curriculum. qca. org. uk/uploads/QCA – 07 – 3335 – p_ History3_ tcm 8 – 189. pdf? return = /key – stages – 3 – and – 4/subjects/history/index. aspx% 3Freturn%3D/key – stages – 3 – and – 4/subjects/index. aspx.

Tim Luard, "China's 'reforming' work programme", in http：//news. bbc. co. uk/1/hi/world/asia – pacific/4515197. stm.

[克里斯多夫·R. 休斯 (Christopher R. Hughes)]

第 四 章
第二次世界大战的记忆在
欧洲：记忆的结构

一 对欧洲记忆的讨论

一旦有的事情被认为是理所当然的，人们就不会对其进行足够的思考。因为这些事常常从根本上决定人们的思考内部结构，所以又值得对它们回顾。在此，我就从一件理所当然的事情论起。每一个关于欧洲记忆的演讲都假设欧洲记忆中有欧洲这样一个东西，即欧洲是一体的，那么，关于过去这样一个框架，至少以历史面目出现，就显得重要，而且作为一种规则出现，则更为重要[①]。于是，认为欧洲是一体的观点已被打上了规范性的印记。与之相应，它支持欧洲成为一个在经济上、文化上、地理上和政治上一再被重新塑造的区域，这种重新塑造主要是通过交流活动来实现的。比如，一

---

① 这不是讨论其他同等重要因素的地方。关于不同方面的详细讨论，可以参见 The Kölner Zeitschrift für Soziologie und Sozialpsychologie from the year 2000，http：//www.uni - koeln. de/kzfss/archiv00 - 02/ks00shin. htm（访问时间：2008 年 8 月 22 日）。

个关于从积极的角度来谈欧洲记忆的演讲本身就是塑造起来的欧洲
的不可或缺的一部分。如对这些刻意构思的演讲作个分析，那马上
会显示，这些演讲总是围绕着两个紧密交织在一起的问题展开：这
个记忆的内容应该是什么？欧洲的边界在哪里？换言之，也就是哪
些历史、哪些国家和哪些人民应该包括在欧洲记忆里，哪些应该不
包括在其中？在这里，肯定性观点的不足就明显地表现出来了。正
是这样，最著名的德国历史学家之一汉斯·乌尔里希·魏勒
（Hans Ulrich Wehler）曾借助于历史，把土耳其从欧洲（的纽带
中）解析出去，并且以这种论据反对土耳其加入欧盟①。但是，研
究东欧的历史学家卡尔·施洛格尔（Karl Schrögel）要求将苏联古
格拉经历的作为斯大林罪行的同义语锚定，并将此作为欧洲记忆的
重要部分②。与魏勒相反，施洛格尔没有依据历史来从事一项构建
欧洲身份的工程，他更关心"复原的努力"，正如温弗里德·格奥
尔格·泽巴尔德（W. G. Sebald）在论及欧洲犹太人时所说的那
样③。讲述这段历史和这些故事，是一种补偿的形式，这往往对那
些受害者来说，是一种最重要的补偿形式。相对来说，这种意图有
很显著的政治性。克劳斯·雷格维（Claus Leggewie）是一位杰出
的政治学家，他写的文章可以经常在德语专栏里读到，他采用的就
是分析法。他批判地分析了在国家和欧洲的层面上与历史的政治相
关的做法。尽管他也权衡了什么应该和什么不应该包括在欧洲记忆
里，但到最后，他还是主张发展一种大家一起来讨论历史的文化，

---

① 只是提一下当前的一个例子：Hans – Ulrich Wehler, "Grenzen und Identität Europas bis zum 21. Jahrhundert", in Europas Gedächtnis. *Das neue Europa zwischen nationalen Erinnerungen und gemeinsamer Identität*, ed. Helmut König, Julia Schmidt, Manfred Sicking (Bielefeld 2008)：121 – 132.

② Karl Schlögel, "Orte und Schichten der Erinnerung. Annäherung an das östliche Europa", in *Osteuropa*, Issue 6, June 2008：13 – 25.

③ W. G. Sebald, *Campo Santo* (Frankfurt am Main, 2006)：240 – 248.

并用那种方式提出了协商欧洲记忆内容的可能性，他的这种观点政治性很强。根据他的意思，并不是记忆内容本身是欧洲的，而是协商的方式①。这些例子都是对欧洲记忆所作的设想，它们表现出强烈的肯定态度，因此也就成为了"包含与排除"的判定标准。我想朝着塑造欧洲记忆的方向迈出更大的一步。严格说来，是向后的一步，也就是尽量远离一切政治性的讨论，这是很必要的。这个观点的目的不是去创建一个多么本真的欧洲或是去为一个欧洲项目的成功作贡献。我的设计野心实在不大，在这里主要是审视对讨论过去的各种模式的审视。

　　我的论证材料的基础是一些经验性的研究，这些研究的初衷是将第二次世界大战作为一个影响范围来被记忆，因为这个事件的意义深远，是最重要的经历，即便对所谓没有参战的国家比如瑞士，也是如此。第二次世界大战在政治上、文化上以及人们的心里都已经留下了痕迹。即便已经过了这么长时间，这些痕迹仍然可见。因此，我对欧洲不同国家如何对待第二次世界大战的历史产生了兴趣②。对各国历史记忆的重建经常会引人注目，但它更喜欢以私人的、绝不是公共交际的形式成为使用历史背景的安排。除了国家间记忆政策的比较外，在官方历史的政治中，同时在官方色彩较少、往往是个人对过去历史的关系存在着一种决定性的因素。在其他方面，本章的研究结果主要来自于德国埃森的人文学科高级研究院在过去几年里的一些研究项目。现在我想要更详细地描述这些研究结果。项目分析的国家包括丹麦、德国、荷兰、挪威、奥地利、波兰、瑞士和塞尔维亚。

---

　　①　Claus Leggewie，"Gleichermaβen verbrecherisch? Totalitäre Erfahrung und europäische Erinnerung"，in Eurozine，参见 http：//www.eurozine.com/articles/article_ 2006 – 12 – 20 – leggewie – de.html。

　　②　每一个试图去界定欧洲的努力，虽然仅仅是临时的，却表明了这些努力具有建设性特点，尽管从地理上看，这些边界还没有被清晰地划定。

　　随着个人记忆这一术语的提出，有一个问题已被提及多次，而这个问题在讨论欧洲记忆的时候常常会被遗漏，即人们使用几种不同的制度化的历史文化[1]。尽管人们谈论这样一个事实，即记忆里的一些内容虽然被官方所禁止，但是在家族的记忆里却仍然保留着；只是要支持这些确定无疑、令人信服的主张还缺少实证材料。

　　我赞同克劳斯·雷格维的观点，他认为，欧洲记忆不可能显现在内容的层面上。事实上，这个断言与人们对待过去的方式有关。下面是我的假设——不同的民族（在对待过去的问题上）途径各不相同。"叙述"的不同似乎是一个比"记忆"的不同更恰当的术语。不同的叙述方式存在，才是关于欧洲记忆的政治性讨论中的真正障碍。

　　我假定"叙述"存在于国家记忆和元叙述之间。两种方式描述的都是理想的类型，其纯粹的形式是不存在的——至少在上述提到的被分析的国家里是如此。然而，要谈论这些或多或少地占主导地位的叙述，似乎并非太冒险，这里的占主导地位的叙述体现在制度性的历史文化领域以及媒体对这些叙述的外观。这些解释的方式在政治讨论中占主导地位，这在 2007 年夏天最后一个调查完成之前，在德国和波兰已很明显。以下所介绍的材料，取自一个用比较的方式分析欧洲记忆在奥地利、德国和波兰的可能性与塑造的条件的研究项目[2]。20 个小组的讨论由来自 3 个国家的特定地区的人主持，讨论开始和讨论过程中展示了 6 张图片，谈话持续了一个小时。一方面，我们想知道作为记忆文化的制造者的接收者和教育政

---

　　① Richard Ned Lebow, "The Memory of Politics in Postwar Europe", in *The Memory of Politics in Postwar Europe*, ed. Richard Ned Lebow, Wulf Kansteiner, Claudio Fogu (Durham & London, 2006): 14 – 16.

　　② 我要谢谢拉尔斯·布累尔（Lars Breuer）、米歇尔·海恩莱恩（Michael Heinlein）以及妮娜·缪勒（Nina Müller）对这个项目的协作。我还要谢谢安娜·卡特琳·郎（Anne Katrin Lang）和耶恩斯·克罗（Jens Kroh）对这一章初稿的批判性阅读。

策所作的努力的对象，人们是怎样讨论第二次世界大战和欧洲记忆的。因此，我们调查了许多家庭和不同的年龄群体，他们来自城市、农村，还有德国的东部和西部。另一方面，我们对所谓的记忆文化的行动者感兴趣，因为这些人的职业是创造历史①。这些人包括历史老师、在纪念馆工作的人、政治学家、历史学家、新闻工作者，也包括德国当年的被放逐者和波兰天主教堂的工作人员。正如第一个群体不只是一个信息的接收者一样，第二个群体也不只是信息的接收者。他们无疑是目前可获得的过去的代表，是他们在重建历史，不管是以历史资料、书籍，还是以电影或者纪念碑形式表现。

（一）德国：在元叙述与牛头人身怪之间

我们打算从德国大学生小组讨论的一个摘要开始。

主持人：当你们想到欧洲历史的时候，你们认为什么在任何情况下都不应当被忘记，并且应当在将来也被记住？

约根：这个问题表明了无论什么我不想忘记，将不会被忘记。

弗兰克：嗯，我似乎也是这样认为的。

主持人：那么，这应该是个私人的问题了。

海德：非常好理解啊，这些都源于媒体，媒体拍了一些关于这方面的电影。就像好莱坞出了一个电影，每个人便知道，即使是15岁的人也知道。

主持人：知道什么？

海德：人们得去思考。

奥托：但是，我们现在在慕尼黑。唔，我还没看那个电影。但是这里也有像《废墟中的女人》的电影。

---

① 指记载历史以及传播历史——编者注；下面的文摘已经在以德国为焦点的一篇文章上讨论过：Christian Gudehus, "Germany's Meta - discursive Memory Culture: Skeptical Narratives and Minotaurs", in *German Politics and Society*, forthcoming.

海德：马丁·路德，我们都是被训练出来的人，好莱坞驯化了我们。

弗兰克：是的，但那最终是一种建立集体记忆的方式，因为当有突发事件时，大家都在讨论它，至少在短时间内是不会被遗忘的。

从以上的讨论，我们可以看到主持人提出的问题仍然没被回答。没有人提及在欧洲的历史构架中哪些事件应当被忘记，或者哪些事件不应当被忘记。即使当主持人补充说他对每个参与讨论者的观点都感兴趣时，学生们仍然停留在元话语层面上。并非是他们不能集中注意力于这个话题，相反，这些非常聪明的私立大学的学生在讨论"现状"。在统计数据中，能找到类似于"我想第二次世界大战应当被铭记，因为……"平淡的回答，但它们依然在元话语层面。这一连串元话语层面主宰了整个讨论。这些元话语层面的重复出现使其讨论成了对讨论的讨论。这又明显地呈现在下面的例子中，这个例子来自学习研究历史的人之间的交谈。

塞巴斯蒂安：但是也许这个讨论能揭示这种似乎是自然的反应在我们中间如何起作用的。也就是说，去发现我们在看这些图片时我们的反应是如何受某种条件的制约。它的发生是无意识的，并且没有进一步反思，这取决于一个人来自于哪一个文化背景包括国情。去发现它，也许这个就是这个调查的意图。

似乎塞巴斯蒂安已经完全放弃了最初的问题，现在在思考的是调查小组的调查目的与调查方法。这个转变引发了一个新话题，所有参与讨论者在他发言结束后的几分钟内便转变了话题。例如，他们开始推测波兰人和奥地利人如何可能讨论类似的情景。随后，当被提及讨论的中心问题是关于欧洲记忆的研究课题之后，学生克里斯托夫回应道：

克里斯托夫：人们可以从中作出一个这样的叙述：（正是因为）第二次世界大战是一个起点，然后欧洲就融合为一了。而人们也可以用另一种不同态度来对待它。例如，也有人将欧洲的统一与查理曼大帝或者其他的什么联系在一起。

克里斯托夫也没有抓住讨论的中心，没有表达出他对于欧洲记忆的观点。我们不知道欧洲记忆的内容里面哪一部分对他来说是重要的。大概，他无法回答这个问题。反而，他谈了构建过去的方式，而这种方式说到底有其随意性。人们可以用这种也可以用那种形式讲述过去。带着这样的论点，他的谈话水准与学界以及在德语专栏中进行讨论在同一个层面上。历史本身，更确切地说，它的内容，仅仅是一个边缘性的题目，而讨论小组谈的更多的是叙述的特点、结构。这样，内容，也就是发生了什么以及为什么会发生就被"反射了回去"；这样，有关这些事情的观点也就不再被需要了。这些例子导出了有关元叙述的理想——典型模式的一些特点。这种模式下的叙述是如此构成的：

（1）它们反映了每一种过去的表述方式，就其功能来说，承认其筛选过程，并且认为影响范围与表述之间的区别可以缩小，然而最终还是不能调和的。因此历史是一种建构。

（2）这种模式对所谓的宏大叙述持怀疑态度。因此，它们不愿嵌入带有意识形态背景的解释的综合体，至少乍一看去，强调中立的做法，以保持其科学的特点。

（3）这种模式否认国家的，反对民族主义。认为历史不是国民自信的基础或者国民自信增强的源泉。

（4）这种模式从根本上是反对英雄主义的或者后英雄主义的。主张叙述负面的历史是对集体罪责的提醒。

元叙述的趋势是倾向于怀疑的、反英雄主义的、非民族主义的。但是，这个判断只适用于负面的历史，而且即使在这里，对其说法还要有一定的保留。确实，国家（指德国——编者注）为德国纳粹党的罪行负责，但是否对在第三帝国时期犯下的罪行要负责的问题上还非常踌躇不定。这与仍然强制性地使用"纳粹"这个词［或者复合词"纳粹罪行"（Naziverbrechen）］有关，这些词汇的使用表明，所谓的罪行不是我们造成的，而是"纳粹"造成的。从道德术语角度，这个词几乎没有特别不好，更何况它本身也有某些真实的因素。然而，一个民族要勇敢地正视历史，这个说法在这里被相对化了，因为在所有情况下这个历史同样也是他人的历史。乍一看来，这似乎有点吹毛求疵，但是却对各种各样的个人历史叙述有其影响。例如，孙儿辈们完全不能察觉祖父母们的反犹太主义或者种族主义，或者甚至对祖父母们陈述的自己犯下的罪行不屑一顾，或者把这些陈述改变成正面的故事（递进式的英雄主义化）①。

但是，德国处理历史的叙述是如何的情景呢？德国国家社会主义的灾难结束后的阶段作为一个成功的故事在不同层面上被叙述着，而在这个故事是对还是错的问题上并没有得到回答。在德国人看来，民主化、整合到国际团体中（首先是西方的）、经济发展以及从20世纪90年代以来的社会、政治和文化政策，还有对第二次世界大战的处理等，均被塑造成德国成功的故事。在这个组合当中，德国只完成了上述的后一个方面（即反思第二次世界大战）的任务，它的历史可再次被作为国家的基础。历史作为民族凝聚力以及价值和道德取向确立的源泉的功能并没有遭到破坏。然而，这构成了元叙述模式，它的发生以史前史为基础，后者的构成是负面的、反英雄主义的、反国家的并且对其的叙述也是怀疑性的。简言之；这是当前德国主要的处理过去问题的方式。不言而喻，这种元叙述模式是有其历史的：它部分地来自关键的论点，这些争论可能永远都解决不了，而且在不同的情况下，其他类型的叙述可能占主

---

① Harald Welzer, Sabine Moller, Karoline Tschuggnall, "*Opa war kein Nazi*" *Nationalsozialismus und Holocaust im Familiengedächtnis* (Frankfurt am Main, 2002).

导地位①。我将在后面再谈影响这些消化历史的过程的因素。首先，我想用一个取自德国区域内访谈材料的不同的摘要来说明如下问题：即在占主导地位的公共记忆文化之外，还存在着许多不同的层次构造历史的努力。只有通过这种对照，才会凸显谈论所谓德国记忆是何等地不切实际。从同样的角度看欧洲框架，人们也会说，欧洲记忆的想象实在不自然且充满了精英主义色彩。

这个摘要取自一个位于德国北部的大城市家庭里的讨论。祖母玛琳·马克思（1937 年出生，医院护士，现在退休了），是一个曾经被放逐到国外的人，她以对自己命运的漫长叙述主导了这个讨论。此外，她的女儿希尔德·施耐德（1960 年出生，会计）、她的儿子耶恩·施耐德（1985 年出生；烹饪学徒），还有外甥女艾里斯·格鲁高尔（1992 年出生，学生）也都参加了讨论。主持人询问了参与讨论者有关过去的哪些方面对他们来说很重要之后，以下谈话就开始了。

耶恩：我对中世纪十分感兴趣。

主持人：告诉我们一些关于中世纪的事情。

耶恩：好的，中世纪，城堡，它们是如何建造的，建筑、古老的武器、弩、箭和弓、剑、大头棒、钉头锤、长柄大锤，一切我都感兴趣。还有怪兽、（大笑）龙、牛头人身怪、半人半马怪。

艾里斯：它们曾经存在过。

_____

① 例如，在过去的两千年里，我们可以观察到德国历史的扩展：柏林的德意志历史博物馆的展览将德国历史的开始时间看成是公元前 100 年，参见 http：//www. dhm. de/ausstellungen/staendige－ausstellung/index. html（上次访问是 2009 年 1 月 7 日）；德国杂志 *Der Spiegel* 有一个题目叫 "Die Geburt der Deutschen Vor 2000 Jahren：Als die Germanen das römische Reich bezwangen"。*Der Spiegel*，2008 年 12 月 15 日，第 51 期；广受好评的电视纪录片 "死亡柏林"（Die Deutschen），只追溯了柏林一千年的历史，参见 http：//www. zdf. de/ZDFmediathek/content/Die_ Deutschen/9602/565650（last accessed 7. January 2009）。不过，所有这些历史遗产时常被一次又一次地复述。

耶恩：什么意思？牛头人身怪曾经存在过？在什么时候？在亚特兰蒂斯岛（Atlantis）上吗？

艾里斯：是的，呣。不，我想它应该是在希腊卡摩斯的魔幻迷宫或者迈诺斯那里。

希尔德：是的，我认为是在迈诺斯那里。

艾里斯：就是的。

主持人：看来你们对中世纪很偏爱。似乎你们主要对中世纪的具体细节，更确切地说，是中世纪的事物，而不是历史本身感兴趣。

耶恩：是的，我也喜欢中世纪的角色扮演。

主持人：好的。

在说完了几乎全都是祖母的第二次世界大战经历后，耶恩把话题转到了一个完全不同的历史体验：角色扮演。值得注意的是，在这个交谈中，真正的历史阶段（中世纪和古代）和神话叙述（牛头人身怪和亚特兰蒂斯岛）在谈话中成了对等的话题了。然后，希尔德突然改变了话题。她又回到她已经评论过了的牛头人身怪具体所在地的题目上，但是，她的脑海里似乎一直在想着并非是牛头人身怪的事物。

希尔德：真正使我讨厌的，而且实在真正不值得一看的是在柏林的那座纪念碑。

主持人：以前你看过那座纪念碑吗？

希尔德：没有！那个纪念碑叫人看了实在恶心，为什么我应该看它呢？这个记忆部分地存在于人们脑子里，存在于历史，诸如此类的。不管怎么说，人们并不想到那里去认可竖立纪念碑的官方说法，我觉得它是无用之物，我真的觉得它是没有意义的，因为它不能让我们再获得什么。人们并不能通过看这个纪念碑得到一种警告，即历史上有些事件会回归，事情就是这样。

艾里斯：纪念碑？到底是什么纪念碑？

希尔德：就是那些搭起来的石块，那些搭起来的石块。

耶恩：你指的是来自柏林墙的石块吗？

玛琳：不是那些石块。

希尔德：那些黑色的石块。

玛琳：是用来建造犹太人纪念碑（Judenmahnmal）的那些石块，很大的……

主持人：是的，是的，就是那些石块。

希尔德：是那些东西，就是它们。

玛琳：那是一个挑衅。

希尔德：非常正确。为什么会有人出这种馊主意呢？

玛琳：那就是我对它的感受。

希尔德：硬要说服我们来让我们觉得有负罪感，为了告诉我们：那是你们做的！这是我对它的感受。

这个交谈扯到了一些简短而又无虑的、散漫芜杂而又浪漫的过去，但之后话题还是回到了现在。跟她的妈妈一样，希尔德反对在柏林建立犹太人纪念碑。她们把指责集中在她们认定的树碑的意图上，即说服她们使其有负罪感。因为她们的陈述里面没有语法上的主语，所以，这个到底是指谁的意图依然不清楚。乍一看来，似乎这个意图转到了元话语的层次，因为她们谈论一个叙述和再现过去的纪念碑。然而，这个对过去的描述被否定了，因为它在自我感知上造成的是消极影响，并且就其本质来说是一种令人生疑的叙述。在以下的讨论中，值得注意的是，耶恩如何排除他觉得不公平的指责。

耶恩：但是，从第二次世界大战到今天，仍然存在一个矛盾的事实。"我们的元首"——（当然用双引号写出来）并不是德国人。

希尔德：他是奥地利人。

耶恩：就是这个意思。每次受指责的总是德国人。他们为什么不去奥地利，然后告诉奥地利人，是他们发动了战争。不，真的，受指责的总是德国人，总是这样。

这是谈论历史的方式的例子，这种方式主要由碎片式的历史知识构成，而这碎片式的历史知识又以高度情绪化的解释方式所传播。它远离了元话语式历史教学法的目标，即批判地解构当前被应用于中小学德国历史课程的叙述①。牛头人身怪、亚特兰蒂斯岛、角色扮演、犹太纪念碑，还有"我们的前元首"，都是平行或者相互联结的指称片段，他们都属于尚未被定位的历史意识。这种处理历史的方法与上面提到的叙述模式并行存在着。后一种方式在公共领域里占据主导地位，比如政治和教育领域，但是，总的来说，它在德国社会绝不会占据独断地位，甚至也不会得到广泛的传播。

（二）波兰：认可②

这个调查于 2006 年和 2007 年进行，当时，波兰由卡钦斯基政府领导，该国有关历史的政治表述正好与德国的表述模式相反③。与德国相比，在波兰制度化的历史文化与对波兰人的不同起源的叙

①　Andreas Körber, "Die Dimensionen des Kompetenzmodells 'Historisches Denken'" in *Kompetenzen Historischen Denkens*, *Ein Strukturmodell als Beitrag zur Kompetenzorientierung in der Geschichtsdidaktik*, ed. Andreas Körber, Waltraud Schreiber, Alexander Schöner (Neuried 2007): 89 – 154.

②　下面的文摘已经在以德国为焦点的一篇文章上讨论过：Christian Gudehus, "Germany's meta – discursive memory culture: Skeptical narratives and minotaurs", 来源于 *German Politics and Society*。

③　批判作家，比如，Aleksander Smolar 甚至说波兰的政治，尤其是外交政策，已经被历史政策所代替。Aleksander Smolar, Geschichtspolitik in Polen, in *Transit: Europäische Revue* 35 (2008), 第 50—67 页。

述之间，我们可以注意到有更大的相似性。这是我们通过在那里的小组讨论得到的收获。下面是来自波兹南中小学的学生们进行的讨论：

卡米尔：我不知道你是否晓得这跟什么有关。这跟重命名有关，用"希特勒的奥斯维辛、比克瑙集中营"这个名称来代替"波兰集中营"这个名称。只是因为这些集中营位于波兰，就称它们为"波兰集中营"，这种解释纯属谎言。

宝琳娜：用这个词意味着转嫁历史的罪孽。

卡米尔：完全正确！我们都知道是怎么回事，但是，我们的下一代不会知道历史原来是这样的而不是其他模样的。

宝琳娜：他们会说：这些集中营在波兰。

托马斯：既然这些集中营在波兰，那么（屠杀犹太人）就属于波兰人干的，因此，波兰人……

卡米尔：……盖了这些集中营。

托马斯：是的，但这种看法是错的。应该说有许多人，例如欧洲之外的人，当他们听到"波兰集中营"这个名字的时候，他们当然不知道这些集中营不是波兰人盖的，也不会知道那里还囚禁过波兰人呢。

波兰集中营在波兰政府有关历史政治中起了决定性作用。根据外交部网页，"波兰集中营"是外国媒体用来指称建造在波兰的前德国纳粹集中营的错误的术语①。在这一网页上，外交部记录下了外国政治家和国际媒体使用这一术语的日期。这个努力的背后的理论依据是，将"波兰集中营"这个名词与由德国人建造并由德

---

① 参见 http://www.msz.gov.pl/AGAINST,% E2% 80% 9EPOLISH，CAMPS% E2% 80% 9D，2076. html（阅览时间：2007 年 9 月 12 日）。

国人使用的集中营对等，意味着有一个巨大的危险，即一旦历史被改写，至少在不明真相的国际公众眼里，波兰会被与在波兰集中营里犯下的罪行联系起来①。波兰官方为了避免可能产生的误解，对世界公众会认为是波兰（比克瑙、黑尔姆诺、叟比波尔、玛达内克、特勒比林克）建造了集中营，并施行了灭绝犹太人的恶行的担忧，并非毫无根据。几年前，在从以色列回来的旅游者中就出现了这种情况，民族学者杰基·费尔德曼（Jackie Feldmann）对此有所提及②。因此，分析这些话语时，关键不在于它们是否是合情合理的，而在于它们是怎样构成的。就像这个例子所表明的——尽管笔者必须最小心翼翼地表述——波兰人谈论过去与德国人谈论过去的元话语不同。我选择这个例子，是因为我们在波兰进行的小组讨论中，"波兰集中营"这个公式化的表达被用得很频繁。

从上例中的 3 个发言人在阐发论点中具体措词完全一致这一点，可以清楚地看出惯用的主题的重要性以及这个主题对建立团体的功能有多大。而且，波兰对历史的描述充满了对其他民族的指责，尤其是对德国人缺少对波兰和欧洲历史的了解的指责，附带说一下，这些指责大多是合理的。可以非常肯定地说，在我们所访谈的人里，波兰人比德国人和奥地利人显然有更广泛的历史知识。但是，对我们来说，更重要的在于波兰人对历史的解说与其他民族不同。有许多原因可以解释这个现象。有一点很重要，作为一个国家，波兰总有一种不被其他人和其他民族恰如其分地接受的感觉，

---

① 我得补充一点，在唐纳德·图斯克新政府时期，这个运动仍在进行，因此，托马斯城的德国报纸《世界报》谴责了这个术语，Thomas Urban, *Geschichte für Populisten, Wie Polen mit Kritik an ausländischen Medien Politik macht*，参见网址 http://www.transodra-online.net/de/node/3102, 2008 年 11 月（阅览时间：2009 年 1 月 7 日）。

② Jackie Feldmann, Marking the Boundaries of the Enclave: Defining the Israeli Collective through the Poland Experience, in *Israel Studies* 7/2 (2002): 84 – 114.

这一点也使个人体验受到了影响。相应的，波兰制定外交和国内政策的强烈动因曾经是，将来也仍然是，一方面持续不断地努力，以获得（国际社会）政治上的认同；另一方面创建强烈的民族自信心。从功能主义的角度来思考，就能立刻明白为什么波兰人在怀疑主义的、批判性的、反民族、反英雄主义那种元叙述的范围显得比较小。当然，其他叙述模式也一定有（在材料中也能找到），毕竟波兰是一个民主国家。只是在这个调查进行时，这些叙述模式由于受当前的政治和社会形势限制，显得功能不大。因此，波兰人（直到现在）仍然被边缘化，他们甚至某种场合有一种抵制行为，就像人们对 2006 年出版的阳·T. 格罗斯（Jan T. Gross）《关于波兰反犹太主义的表现》一书的反应一样①。

（三）欧洲讨论第二次世界大战的全景

德国和波兰在同一时间段里（2007 年）叙述的主要方式，跟元叙述和民族史学的理想——典型叙述模式相接近。然而，就像前面所提到的，也正如德国案例所表明的，这些叙述模式既不是唯一的，最终也没有被明确定位，而是在不断变化的。这样，每一种描述都只是一个快照，为的是去解释两个主要因素：第一个是指公共话语领域，尤其是政治、公共领域和教育等领域。第二个是指存在于官方对历史的不断变换的解释和个体对过去的吸收采纳这两者之间的不断交互的关系，这是在讨论欧洲记忆的可能性及欧洲记忆的方式时的主要变量。当欧洲和非欧洲国家在历史的政治领域有越来越多的比较研究时，对私人的、通常以家庭为形式的吸纳历史的研究并非如此。尽管如此，我还是想把一个有关第二次世界大战的欧洲记忆的粗略的全景再扩大一下。

---

① Jan T. Gross, *Fear: Anti - Semitism in Poland After Auschwitz* (Princeton, Oxford, 2006). 另参见 Spiegel online of 18 January 2008, http: //www. spiegel. de/international/europe/0, 1518, 529320, 00. htmlt（阅览时间：18 January 2008）。

奥地利，欧洲记忆图景研究的第三个国家，是最有趣的案例之一，因为在这里，正如海德马莉·乌赫尔（Heidemarie Uhl）所指出的，两个似乎非常矛盾的对过去的叙述和解释方式并行不悖地存在着①。一方面，奥地利从外面看自己的时候，把自己作为国家社会主义政策的第一个受害者；另一方面，它开始肯定当初的德国国防军（Wehrmacht）的士兵以及他们对祖国的贡献。当然，在有德国国防军的时候，奥地利的祖国并不真正存在。与此同时，奥地利对政治和军事形式的抵抗却又几乎不提，甚至还被激烈地批判过。根据乌赫尔的观点，在20世纪80年代，奥地利的对内看法和对外看法都开始发生了改变。在20世纪90年代中期和晚期，以下解释成了主导性话语：奥地利参与过德国国家社会主义的罪行并起了一定的作用。顺便说一下，这个改变发生的一个重要原因是由于当时不同社会层级换代。海德马莉·乌赫尔提到了一个在德国语境中也经常被描述为很重要的因素，即变化着的记忆话语，我将稍后再讨论这个因素。

关于奥地利的小组讨论，可以观察到一个跟在德国材料里的发现相同的现象，即能运用元叙述的、经过学术训练的人。这一点在从事历史专业的人的对话中尤其突出。例如，小组讨论刚开始时，分发了一些激起人们讨论的照片，这些照片上显示的是几具尸体，还有些其他物体。

安德烈·维穆尔说："我发现这些照片很有趣，你们说过，（这些照片）在感情的层面并没有使你们有特别感觉，对我来说也如此。我认为这是有代表性的，即我们的讨论已经转移到对这些资料的来源的苛刻评价上，因为我们当中没有人因为看这些照片而在

---

① Heidemarie Uhl, "From victim myth to Co - responsibility Thesis: Nazi Rule, World War II, and the Holocaust in Austrian Memory", in *The Memory of Politics in Postwar Europe* ed. Richard Ned Lebow, Wulf Kansteiner, Claudio Fogu（Durham & London, 2006）: 40 - 72.

感情上有特别感受。"① 在这里，他的话反映了被访者对历史可视性的描绘的自我感知。同时，在他的话里有一种对历史发展的反思。在谈话中也谈到了似乎是矛盾的自我感知。随后，在记忆的组成是否具有国家性这个问题上，保罗·施特罗布尔逗他的同学，评论道："的确，对于我们奥地利人来说，我们仍然不知道我们是受害者还是肇事者。"②

　　与德国相反，波兰人在所谓的处理过去上的"正在补课"的特点变得更清晰了，因为他们显然存在一种记忆的缺失的感觉。同时，奥地利的材料也让我们想起那个德国家庭的谈话情景，即在讨论历史的时候，超越了所谓的国家话语以及所谓的公共性。

　　另一个明显的例子是俄罗斯，在那里有关历史的国家政治似乎比波兰更受控制。有趣的是，俄罗斯的主流，例如，那些负责教科书设计的人，并不否定历史的积极性内容。这也许是一个元叙述的要素。然而，从这一点并没有导出怀疑、反英雄主义或者甚至是反国家的叙述。恰恰相反，政治学家列昂尼德·波利亚科夫（Leonid Poljakov），这个主流政治的著名代表，提倡与正面事件相一致的和非解构主义式的历史教育③。这样的教育既不会使学生们因负面的历史而产生不安全感，也不会因他们在发展成健全人的过程中对自

---

　　①　最初引文：Aber ich find's interessant, Du hast gesagt, des spricht Dich keines auf einer emotionellen Ebene an, mi nämlich auch nicht und ich glaub, des ist symptomatisch, dass die Diskussion da sofort in so eine Quellenkritische g'gangen ist, weil niemand von uns da wirklich emotionalisiert worden ist. Natürlich sind wir abgehärtet, aber es gibt immer Bilder, die mich ansprechen。

　　②　最初引文：Für uns Österreicher scho aa, weil wir bis heut net wissen, ob wir Opfer oder Täter san。

　　③　发生在 2008 年 6 月于莫斯科召开的一次会议上，Leonid Poljakov：Kolloquium：die Gegenwart der Vergangenheit, Zum Umgang mit Geschichte und Erinnerung, Moscow 19 - 20 Juni。

己已获得的历史知识发生质疑而感到无所适从①。波利亚科夫的观
点就独特性来说有值得称赞的地方，他认为，一个显然是正面的清
晰的编史会挑战学生们的理解力，因而也更容易把学生培养成有判
断力的公民。然而，笔者看到，在俄罗斯定量研究描绘出的是另一
幅不同的图画。例如，斯大林的受欢迎程度在进一步增强，在
2005 年已经有近 1/4 的俄罗斯人想选他当总统②。

在俄罗斯，即使是个人对历史的记忆，也不像它似乎可能呈现
的那样一致，它还是有变化的③。历史学家伊琳娜·谢尔巴克娃
（Irina Scherbakova）以 1999 年人权组织④《纪念》发起的在学生
中间展开的历史竞赛为基础，描述了年轻的俄罗斯公民是如何思考
和如何记述历史的⑤。这里所揭示的是，直面负面历史，并且可以
被追根溯源的范围正在明显变小。但家庭在这里起着至关重要的作
用。这与德国很不同，在德国，自己的祖父母的作用已中性化了，

<hr/>

①　另一个对这种模式的深刻见解来自弗里德里希·瑙曼基金会提供的资料，这些
资料是关于波兰—俄罗斯—德国有关过去的对话的。在俄罗斯部分，处理负面历史被看
做是危险的，这是牵连性关注，它在其他国家之间也存在。如果波兰在对待俄罗斯人的
罪行上能更强硬，他们会立刻期望与俄罗斯方面相同。Friedrich Naumann Foundation, *Ge-meinsame Vergangenheit und die Gegenwart. Polnisch – russisch – deutscher Trialog der Historiker und Journalisten*, Moscow 2008: 38 – 39。

②　Lev Gudkov, Die Fesseln des Sieges, Russlands Identität aus der Erinnerung an den Krieg, in *Osteuropa*, Issue 4 – 6, April – June 2005: 65.

③　正如 Orlando Figes 在他的有关私人生活的优秀图书里所展示的，在俄罗斯，有
一个悠久的历史传统，即不谈自己作为迫害的受害者的过去。也就是说，因为害怕这个
过去没有真正的过去，所以对它不谈一词。例如，菲格斯就举了一妇女的例子，她从不
谈论她在劳动营所受的折磨。"当她女儿问她的时候，她所说的就是'我有了一本新护
照，我没有犯罪记录'。"Orlando Figes, *The Whisperers*, *Private life in Stalin's Russia*, London 2007。

④　对记忆的概述参见 http://www.memo.ru/deutsch/ktomy/index.htm。

⑤　Irina Scherbakova, "Landkarte der Erinnerung Jugendliche berichten über den Krieg" in *Osteuropa*, Issue 4 – 6, April – June 2005: 419 – 433. Idem, "Erinnerung in der Defensive. Schüler in Russland über Gulag und Repression", in *Osteuropa*, Issue 6, June 2007: 409 – 420.

然而在俄罗斯，祖父母们的故事就成了"大卫国战争"中非英雄主义形象的来源。通过学生的文稿，我们就知道应该怎样看待这样的故事了，例如，"一个曾祖母为了救她快要饿死的孩子，去工厂偷了一块面包，因此被判了八年刑，并且死在了集中营里。""所有这些〔……〕非英雄主义的家庭故事"，谢尔巴克娃继续说，"使学生们产生了同情心。"①

跨学科记忆研究中心进行了一个有关比较传播研究的项目，这个项目对 6 个欧洲国家（丹麦、德国、克罗地亚、荷兰、挪威和塞尔维亚）的家庭历史叙述以及所谓的国家基本叙述②的关系进行了分析。③ 国家基本叙述的发展，其结构性在荷兰、挪威和丹麦极度相似。它们会或多或少是英雄主义式的，在荷兰，有关困难时期国家或人民联合起来进行抵抗的故事很少。这个叙述在所有国家都曾陷入危机，它已经被修正，趋于现代形式的、人权的一般话语。这个危机主要包括对历史的负面的批评，例如，第二次世界大战时通敌或者在战后期间所谓的德国女孩（Deutschenmädel）的负面的过去都没有被看做是历史的一部分，而它们在将来是应该被写入历史的。至少在德国人看来，从几乎令人难以置信的英雄事迹，比如荷兰人救出几乎所有的丹麦犹太人，也能找到谴责主流的非英雄主义史学。关于这种形式的自我反思，有一个令人难忘的例子，那是目前丹麦著名演员马德斯·米克尔森（Mads Mikkelsen）。在接受采访时，有人问起关于他最新拍的一部电影。电影里米克尔森扮演了一个抵抗者，这个抵抗者有被其他犯罪集团所利用的嫌疑。为此，

---

① Irina Scherbakova, "Landkarte der Erinnerung, Jugendliche berichten über den Krieg" in *Osteuropa*, Issue 4 – 6, April – June 2005: 426.

② 这个词已经被 Anne Erikson、Claus Bryld 和 Anette Warring 创造出来了。因此，对于这个叙述来说，包容和协调的潜能是重要的。

③ Harald Welzer ed. , *Der Krieg der Erinnerung*, *Holocaust*, *Kollaboration und Widerstand im europäischen Gedächtnis*, Frankfurt am Main 2007.

影片就成了一个反思型和解构性很强的例子。当采访他的德国记者提到丹麦人从集中营里救出了许多犹太人时，米克尔森答说："是这样的。而且他们其中的一些人也的确从中赚到了钱。人们很快就适应了诸如战争之类的事情，然后他们就做起了交易，并从中获利。"①

笔者在塞尔维亚和克罗地亚遇到了一种完全不同的情景。20世纪90年代，南斯拉夫在暴力中瓦解，这在记忆文化上产生了两种重要的影响。首先，战争和暴力成了年轻一代对这次瓦解的联想，而有趣的是，他们关于第二次世界大战的记忆并没有战争和暴力，这次瓦解的记忆已经覆盖了第二次世界大战作为参照点的意义；不同的叙述被混合在了一起。其次，它涉及新国家的出现，这就要求用历史来证实它们的出现是合理的。总之，建国前期的暴力依然需要其合法性。这两个方面均不能用怀疑性叙述来处理。就像波兰的案例所表明的，不稳定的自我感知通过一种强效药获得了治愈。这种强效药是清白（即良心上不受他人谴责等——编者注）、英雄主义、民族主义。在过去的20年里，官方不断地改变对历史的看法，这样带来的结果是，对历史没有一个明显的普遍认同的取向。这样，南斯拉夫家庭故事里的英雄，就是机敏的和无原则的，它能包容各种类型的人，包括法西斯、共产党人和民主党人，还能从中寻找到其长处。塞尔维亚和克罗地亚两国的历史叙述结构相似，但内容却不具有相似性。社会心理学家莫妮卡·帕尔姆贝戈尔（Monika Palmberger）也进行了一次类似的观察，她的观察对象是居住在波斯尼亚的莫斯塔尔年轻的克罗地亚人与波斯尼亚人。她说："尽管他们的居住地被分开了，并且相遇的机会也很少，但当他们谈到在莫斯塔尔的童年时，他们会说

① Rebecca Casati Interviews Mads Mikkelsen, Süddeutsche Zeitung, 23 – 24 August 2008：Wochenende Ⅶ.

（至少有时会说）'我们'这一词。这些观察表明了我们可以称莫斯塔尔年轻人为'记忆社区'，这样称呼他们，不是因为他们有强力的国家历史意识，而是因为他们从更一般的意义上来看待过去。"① 这样的记忆社区并非由叙述的内容使其团结起来，而是记忆的方式。

　　谈论历史的方式——在国家层面的主要叙述方式如图 4－1 所示：

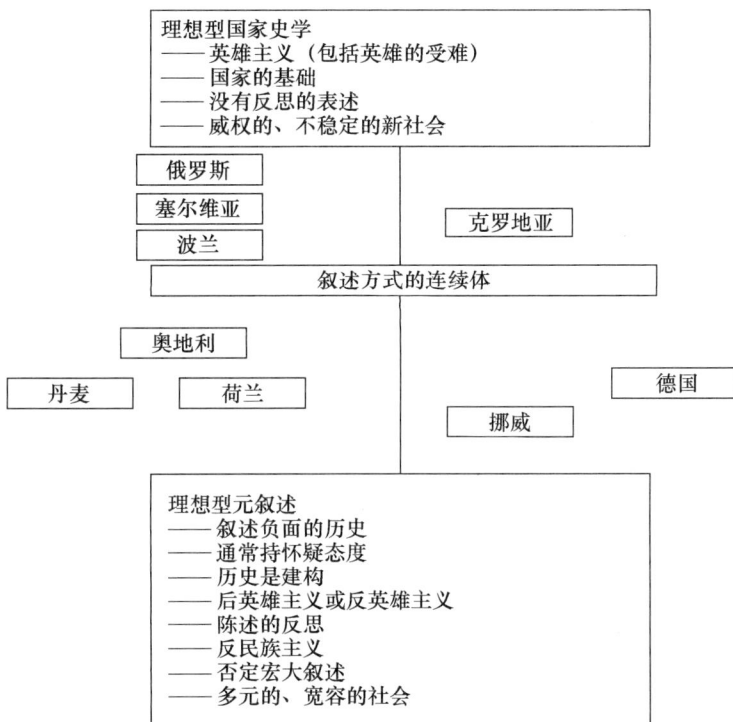

理想型国家史学
——英雄主义（包括英雄的受难）
——国家的基础
——没有反思的表述
——威权的、不稳定的新社会

俄罗斯
塞尔维亚
波兰

克罗地亚

叙述方式的连续体

奥地利

丹麦　　　荷兰

德国

挪威

理想型元叙述
——叙述负面的历史
——通常持怀疑态度
——历史是建构
——后英雄主义或反英雄主义
——陈述的反思
——反民族主义
——否定宏大叙述
——多元的、宽容的社会

图 4－1

① Monika Palmberger, "Distancing" as a way to deal with the past: A lost generation? in *Journal for Genocide Research*, forthcoming.

二 因素

在对奥地利、德国、意大利、波兰、法国、瑞士、俄罗斯有关第二次世界大战的记忆历史的对比分析的基础上，克劳迪奥·福古（Claudio Fogu）和伍尔夫·坎斯坦纳（Wulf Kansteiner）把一代或者更确切地说是代际间的更替看成是在各自的国家记忆文化变化过程中的一个重要因素①。然而，按照他们的说法，这个因素并不能对所有被分析的国家作出解释。在波兰、瑞士和意大利，这个代际动态几乎不怎么明显，这可以用对待历史的传统方式来解释："对于不同政治代际的接替来说，这3个国家的记忆政治更多的是由如下因素塑造而成的：先前存在的历史形象、历史比喻以及历史范式的持久性和流行扩散。"② 就波兰而论，它是"久时未被承认但又具有自我意识的殉道者"；对瑞士来说，不是殉道者，而是"中立性"和"人道主义"的，而意大利则是"神话再现的永恒性的回归"③。在个人层面上，我们可能有对过去的解释和表达模式，这些模式已经传续了好几代，显然是非常稳定的，这一点，罗宾·菲伏什（Robyn Fivush）已经论述过④。克劳迪奥·福古（Claudio-Fogu）和伍尔夫·坎斯坦纳（Wulf Kansteiner）认为上述这种模式在处理过去的方式上对波兰、瑞士和意大利产生了很大的影响。这

---

① Claudio Fogu, Wulf Kansteiner, "The politics of memory and the poetics of history", in *The Memory of Politics in Postwar Europe*, ed. Richard Ned Lebow, Wulf Kansteiner, Claudio Fogu (Durham & London, 2006): 284 – 310.

② 同上书，第 298 页。

③ 同上。

④ Fivush speaks of "cultural live scripts", Robyn Fivush, "Remembering and reminiscing: How individual lives are constructed in family narratives", in *Memory Studies*, Vol. 1, No. 1, January 2008: 51 – 52.

个因素具有结构方面的意义，它不仅与记忆的内容有关，更与其结构的组成有关。

克劳蒂亚·伦兹（Claudia Lenz）和哈拉尔德·韦尔策（Harald Welzer）已经反复地指出了这个事实，即在欧洲背景下，国家叙述是怎样跟欧洲甚至是全球化解释历史的模式产生关系的①。毫无疑问，负面历史是这个解释的普遍模式，它可以被包含在一个混合体中，这个混合体由有关人权的话语和国家的、事实上也是个人的自我解释组成。然而，负面历史尤其会出现在这些模式和话语与已经存在的自我解释模式有联系之处，也就是说，这些模式和话语适合于肯定或者加强各自的自我认知。时代、文化脚本和通用的解释模式三个因素，不可能足够地解释已经观察到的动态现象。记忆总是一个间接引发的现象，而不是原因本身。通常，记忆指称过去的基本功能就是提供解释和叙述，使现时的行为以显得有意义、前后一致而且合乎情理。因此，记忆是通过对过去的指称来为人的行为、当今的观点和政治决定作辩护的。所以，正如在国家层次上反复陈述的那样，历史是政治活动的一种资源。在这里，它的功能并没有失效。然而，对本章上面所思考的非国家层面的东西来说，也有重要意义。如果将制度化记忆的独特性看做是社会功能，那么对它的设计起决定性作用的、完全不同的影响因素就会浮出水面。我建议超越寻找实例的常用套数，而对社会的政治道德构造进行一个更细微的比较研究。为了把这个建议阐释清楚，我冒昧地发表一个观点，当然，在这里这个观点不可能详述：多元的、对异常的东西诸如同性恋、少数民族或者外国人有着高度宽容的、有新闻自由的社会，更喜欢用元叙述的方式来对待历史。相反，那些

----

① Claudia Lenz, Harald Welzer, "Zweiter Weltkrieg, Holocaust und Kollaboration im Zweiten Weltkrieg. Ein Werkstattbericht aus einer vergleichenden Studie zur Tradierung von Geschichtsbewusstsein", in *Handlung，Kultur，Interpretation. Zeitschrift für Sozial – und Kulturwissenschaften*，Heft 2/2005：275 – 295.

非常威权的、缺少宽容的、寻求稳定的自我认知和寻求被人接纳的
社会，则倾向于其他形式的叙述方式。①

三　第二次世界大战的欧洲记忆？

　　我的主要论点是：在没有被注意到制度化政治话语、知识分子
话语和底层话语之间存在着动态因素，特别是对私人叙述不同方式
的感知很有限的情况下，讨论国家记忆是困难的，即便不是那么不
恰当。对这种动态因素视而不见的例子便是艾蒂安·弗朗索瓦
（Etienne Franäois）。弗朗索瓦提出了这个事实，即欧洲不同国家的
人都认为莱昂纳多（Leonardo）、哥伦布（Columbus）或者路德
（Luther）很重要，从这一点出发，他认为欧洲已经有了共同记忆
的标志②。正如已经表明的那样，对于制度化了的记忆这个领域，
充其量，人们可以讨论的是占主导地位的叙述方式。直到今天，个
人记忆及其与基本叙述的关系这个领域，只得到了部分的测量。同
时，在国家层面上，正如所表明的那样，对于历史叙述，存在着所
谓的跨国参考点。对塑造个人的、国家的以及跨国记忆的定位有不
同的内容。而这些内容结构不同、主题不同、功能和媒介也不同，
各自的过去正是在这种条件下被叙述着。据我所知，这些关系主要
是作为准双边来分析的，也就是说，从跨国层面到国家层面以及从

---

　　① 同时，在个人层面上，非常相似的关系也可以得到证明。例如，对于用一组照
片展示的蜘蛛，与反应更轻松的人相比，倾向于有非常激动的反应或者突然尖叫的人，
会支持更有限制性的法律："Wer sich stärker erschreckte und gruselte war gegen Abtreibung,
die Heirat Homosexueller und für Hausdurchsuchungen ohne Gerichtsbeschluss," Süddeutsche
Zeitung, 2008 年 9 月 19 日。

　　② Etienne François, "Auf der Suche nach den europäischen Erinnerungsorten", in Europas Gedächtnis. Das neue Europa zwischen nationalen Erinnerungen und gemeinsamer Identität, ed. Helmut König, Julia Schmidt, Manfred Sicking (Bielefeld 2008): 85 – 103.

国家或者官方又到个人。如果把各个层面汇成一体，那就需突出其中的一个层面，将跨国那样的问题诸如大屠杀、赔偿以及人权等转向国家层面构成的基本叙述，再转向变为受个人经历和私人含义影响的传播①。只有这样，谈论欧洲记忆的组成的说法才能成立，而不用通过民意测验来决定莱昂纳多是否是个重要的欧洲人。

参考文献

Hans – Ulrich Wehler, "Grenzen und Identität Europas bis zum 21, Jahrhundert", in *Europas Gedächtnis. Das neue Europa zwischen nationalen Erinnerungen und gemeinsamer Identität*, ed. Helmut König, Julia Schmidt, Manfred Sicking (Bielefeld 2008): 121 – 132.

Karl Schlögel, "Orte und Schichten der Erinnerung, Annäherung an das östliche Europa", in *Osteuropa*, Issue 6, June 2008: 13 – 25.

W. G. Sebald, *Campo Santo* (Frankfurt am Main, 2006): 240 – 248.

Claus Leggewie, "Gleichermaßen verbrecherisch? Totalitäre Erfahrung und europäische Erinnerung", in Eurozine, 参见 http: //www. eurozine. com/articles/article_ 2006 – 12 – 20 – leggewie – de. html。

Richard Ned Lebow, "The Memory of Politics in Postwar Europe", in *The Memory of Politics in Postwar Europe* ed. Richard Ned Lebow, Wulf Kansteiner, Claudio Fogu (Durham & London, 2006): 14 – 16.

Christian Gudehus, "Germany's meta – discursive memory culture: Skeptical narratives and minotaurs", in *German Politics and Society*, forthcoming.

Harald Welzer, Sabine Moller, Karoline Tschuggnall, "*Opa war kein Nazi*" *Nationalsozialismus und Holocaust im Familiengedächtnis* (Frankfurt am Main, 2002).

Andreas Körber, "Die Dimensionen des Kompetenzmodells ' Historisches

① 关于对这些层面进行交织分析，有一个成功的例子，即 Michael Heinlein 对所谓的战争儿童将有资格出版而还未出版的贡献。Die Erfindung der Erinnerung, Zur Konstruktion des ? ffentlichen Gedenkens an die Kinder des Zweiten Weltkriegs。

Denken'", in *Kompetenzen Historischen Denkens. Ein Strukturmodell als Beitrag zur Kompetenzorientierung in der Geschichtsdidaktik*, ed. Andreas Körber, Waltraud.

Alexander Schöner Schreiber, (Neuried 2007): 89 – 154.

Christian Gudehus, "Germany's meta – discursive memory culture: Skeptical narratives and minotaurs", in*German Politics and Society*.

Aleksander Smolar, Geschichtspolitik in Polen, in *Transit: europäische Revue*, 35 (2008): 50 – 67.

Thomas Urban, *Geschichte für Populisten. Wie Polen mit Kritik an ausländischen Medien Politik macht*, 参见网址 http://www. transodra – online. net/de/node/3102。

Jackie Feldmann, Marking the Boundaries of the Enclave: Defining the Israeli Collective through the Poland, Experience, in *Israel Studies* 7/2 (2002): 84 – 114.

Jan T. Gross, *Fear: Anti – Semitism in Poland After Auschwitz* (Princeton, Oxford, 2006). 参见 Spiegel online of 18 January 2008, http ://www. spiegel. de/international/europe/0, 1518, 529320, 00. html。

Heidemarie Uhl, "From victim myth to Co – responsibility Thesis: Nazi Rule, World War II, and the Holocaust in Austrian Memory", in *The Memory of Politics in Postwar Europe* ed. Richard Ned Lebow, Wulf Kansteiner, Claudio Fogu (Durham & London, 2006): 40 – 72.

Leonid Poljakov: Kolloquium: die Gegenwart der Vergangenheit, Zum Umgang mit Geschichte und Erinnerung, Moscow 19 – 20 Juni.

Friedrich Naumann Foundation, *Gemeinsame Vergangenheit und die Gegenwart, Polnisch – russisch – deutscher Trialog der Historiker und Journalisten*, Moscow 2008: 38 – 39.

Lev Gudkov, Die Fesseln des Sieges. Russlands Identität aus der Erinnerung an den Krieg, in *Osteuropa*, Issue 4 – 6, April – June 2005: 65.

Orlando Figes, *The Whisperers*, *Private life in Stalin's Russia*, London 2007.

Irina Scherbakova, "Landkarte der Erinnerung. Jugendliche berichten über den Krieg" in *Osteuropa*, Issue 4 – 6, April – June 2005: 419 – 433. Idem, "Erinnerung in der Defensive. Schüler in Russland über Gulag und Repression", in *Osteuropa*, Issue 6, June 2007: 409 – 420.

Irina Scherbakova, "Landkarte der Erinnerung, Jugendliche berichten über den Krieg" in *Osteuropa*, Issue 4 – 6, April – June 2005: 426.

Harald Welzer ed. , *Der Krieg der Erinnerung*, *Holocaust*, *Kollaboration und Widerstand im europäischen Gedächtnis*, Frankfurt am Main 2007.

Rebecca Casati interviews Mads Mikkelsen, Süddeutsche Zeitung, 23 – 24 August 2008: Wochenende VII.

Monika Palmberger, " 'Distancing' as a way to deal with the past: A lost generation?" in *Journal for Genocide Research*, forthcoming.

Claudio Fogu, Wulf Kansteiner, "The politics of memory and the poetics of history", in *The Memory of Politics in Postwar Europe* ed. Richard Ned Lebow, Wulf Kansteiner, Claudio Fogu (Durham & London, 2006) .

Fivush speaks of "cultural live scripts", Robyn Fivush, "Remembering and reminiscing: How individual lives are constructed in family narratives", in *Memory Studies*, Vol. 1, No. 1, January 2008: 51 – 52.

Claudia Lenz, Harald Welzer, "Zweiter Weltkrieg, Holocaust und Kollaboration im Zweiten Weltkrieg. Ein Werkstattbericht aus einer vergleichenden Studie zur Tradierung von Geschichtsbewusstsein", in *Handlung*, *Kultur*, *Interpretation*. *Zeitschrift für Sozial – und Kulturwissenschaften*, Heft 2/2005: 275 – 295.

［本章作者　克里斯迪安·古德胡斯（Christian Gudehus）］

第 五 章

摄影刻画的历史，市井生活与往事回忆：王安忆般说故事的人

    视觉体验及其相关研究是随着消费社会、大众媒介的兴起和数字技术的进步而发展的。从现代历史的长远角度来看，视觉性或视觉表达的重点深植于历史经验与政治实践之中。对非政治和非历史性质的视觉研究，人们已经花了不少工夫[①]。如果现在将历史实践简化为这样的视觉形式并应用于跨文化交流，那么我们就会遭遇涉及权利关系的一系列问题：东方主义、无差别地看待别的民族、（不正确地）反射自我与他人、种族主义和帝国主义等。在跨文化交际中，历史、地方历史、社会习俗和传统的记忆被平面化，成了纯粹的影像。所谓历史性的过去存在于想象的时间间隔中，有些人已经穿越了它，而其他人仍深陷其中。后者可以说是被遗弃在"历史想象的等候室"（imaginary waiting room of history）[②]。关于这

[①] 参见 Martin Jay, *Downcast Eyes*：*The Denigration of Vision in Twentieth - Century French Thought*, Berkeley and Los Angeles, University of California Press, 1993. 一个更具批评性的著作参见 Michel de Certeau, *The Practice of Everyday Life*, Berkeley and Los Angeles, University of California Press, 1984。

[②] Dipesh Chakrabarty, *Provincializing Europe*, Princeton and Oxford, Princeton University Press, 2000, p. 8.

段埋葬在视觉里的历史，最重要的问题是，应该如何评估那些嵌入历史中异质的、过往影像的现实性和真实性？

　　为了阐明这个问题，我将首先审视有关中东电影影像的讨论。在芝加哥广播电台名为"奥德赛"（Odyssey）的节目中，电影学者和评论家探讨了美国听众如何看待伊朗故事片《坎大哈》（Kandahar）（导演莫森·玛克玛尔巴夫，德语为 Mohsen Makhmalbaf，2001 年）[①]。该影片重现了在塔利班（the Taliban）统治阿富汗时期，一个加拿大籍阿富汗人回到阿富汗营救试图自杀的姐姐，结果却被塔利班士兵逮捕的真实故事。她的行程展现了残忍的暴徒、流血、暴力和苦难，全是人类所熟悉的。这部在 2001 年戛纳电影节上公演的片子当初并不显眼，但在美国遭受"9·11"恐怖袭击后却引起了人们的相当关注。

　　美国观众将这部影片看成是一部纪录片或内容翔实的报告，而不是一部好莱坞式的故事片，参与电台论坛的评论家对此表达了他们的忧虑。美国观众习惯于把第三世界的影片看成客观的新闻资料，电影《坎大哈》自然也就被视为对阿富汗政治、社会、物质环境的准确反映。对待这种将电影虚构的场景简化成想象的现实的现象，评论家们则很谨慎，他们把注意力集中到"终究是什么构成了客观现实"这个问题上。乔纳森·罗森鲍姆（Jonathan Rosenbaum）和另一名学者对阿富汗的民族、社会构成及其各个阶层相当熟悉，指出了阿富汗社会的文化多样性及其存在的各种矛盾。可这部电影习惯性地展示暴力并隐讳地将此指向整个伊斯兰社会，并不符合该国社会和文化的多样性。另一些评论家则对导演矫揉造作地展示观众不熟悉的现实，强调电影市场价值的做法提出质疑。一

---

　　① 参见 "Film Forum: Images of the Middle East", March 21st, 2003. 该影片可由芝加哥公共音像 "Odyssey Program" 的在线影音图书馆接入，具体参见 http://www.wbez.org/audio_ library/od_ ramar03. asp。

个评论家说，之所以制造虚假的现实感，是因为那些第三世界的制片人越来越依靠跨国合作投资者，并受到西方电影节市场的驱动，有意地把精力集中在崇尚自由的观众喜欢听和喜欢看的东西上。迎合"自由口味"（liberal taste）的卖点包括性别问题或是受塔利班压迫的妇女等先入之见。这种描述可能反映了在不公正对待妇女问题上的批判——一个政治上正确的观点。与此同时，它也可能进一步证实西方人为享有更多自由而自鸣得意的观点，即在性的实践领域，开明的西方文化远比未开化的第三世界优越。而在这优越道德基础之上，搭建的却是由"东方"（oriental）女性受害者的半裸画面传递的撩人情色。该片对性问题的处理，在地缘政治的格局下无疑是有待质疑的，特别是"9·11"事件以后。曾经有段时间，伊斯兰世界的妇女受压迫问题，甚至被标榜为阿富汗最突出的社会矛盾，从而成为战争的导火索。没错，妇女确实受到塔利班的压迫，但崇尚自由的西方观众和媒体什么时候开始关心起阿富汗妇女的命运来了？事实上，阿富汗战争结束后，我们对该地区的妇女状况鲜有耳闻。对第三世界女性的关注，似乎与打着人权旗帜、寻求政权更迭和发动战争的思维方式密不可分。谴责他国践踏人权，吹捧自己的人权观，已成为帝国主义描述第三世界社会状况的固定模式，尤其是在女性生存条件问题上。

　　然而，在这段谈话中，最有趣的莫过于对"现实"的定义所呈现出的开放式的消极立场。通过无情的解构剖析，所有评论家似乎一致认为，对他国现实的影像再现无一不值得质疑，无一真实可信。他们认为，任何描述物质现实的严肃尝试都难免显得过于主观臆断，因而对深层文化和社会背景的任何描述，只要其注重历史性，就值得质疑。这种观点甚至也适用于第三世界本土电影制作人拍摄的作品。尽管这些作品志在探求现实，最终却否定了自己的全部事实基础，这是一种自相矛盾的转变。评论家认为，在电影艺术的传承上，大部分第三世界的电影制作人往往选择意大利新写实主义手法（Italian neo-realism），特别是伊朗地区的电影制作人。这类影片的特点是节奏缓慢却渗透着深思熟虑的感觉，多采用长镜头，起用非专业演员，现场拍摄，等等。这种风格将影像拼接成场景，排斥一切叙事架构和编剧方式。我们顺着这种思路，便可感受到电影制作人是在尝试一种更为客观的纪实性表现手法。可有位评论家却好像在和自己较劲，匆忙补充说，这种新写实主义的构建其实并非真正的现实，因为看似现实的东西，仍来源于业已存在的某种电影艺术传统，即借鉴乃至套用了"新浪潮电影写实主义"（avant-garde cinematic realism）传统。而传统总是承载着某种思想体系或与实际不相符的意识，自然也就无法与现实挂钩。因此，一部出自巴勒斯坦制作人之手的电影，却听不到巴勒斯坦人的声音，这不仅发人深省，而且也是对巴勒斯坦民族身份自我怀疑式的批判。关于国际资金注入第三世界和犹太人聚居区并远程制作电影的讨论，更是助长了这类不真实的表述。全球资本的跨国流动，使得国籍的概念变得既不相关也不真实。正因为如此，巴勒斯坦人的声音可以轻而易举地被解构、被抹除。

我认为，这是争论中一个错误且已钻入死胡同的节点。像这样自相矛盾的争论在关于再现历史和记忆的学术讨论中屡见不鲜。这种观点全盘否定了当前或在过去的历史条件下，将现实视为一贯臆断构造的产物，无论是在拉斯维加斯，还是具有社会责任感的电影制作人在第三世界的街头巷尾和贫民窟完成的作品。借助电影艺术传统来构造民族特征或是炫耀陈旧艺术传统来吸引电影节观众——这两种做法其实并无差别。这些作品试图表现的现实性与真实性仍难以区别僵化和偏见。倘若所有的影像都源自某些既已存在、刻意设计的艺术传统，那么，解构这种模式化或扭曲影像的虚假性又有何意义呢？我们怎样才能为现实性与真实性进行争辩呢？须知，只有立足现实性与真实性，那些或带有歧视偏见或被肆意美化的影像画面才得以还原本来面目，从而维护第三世界电影制作的现实性与真实性。

　　显然，这段电台谈话旨在澄清有关第三世界视觉再现的主流思想体系是什么的问题。但是，由于种种现实都被预设为臆断构造的产物，争论也因这个理论上的误区逐渐陷入僵局，终于错失良机。为了揭示模式化或东方主义影像的虚假性，谈话不遗余力地声称所有影像都同样做作，而且都来源于艺术传统，这真是搬起石头砸自己的脚。可我们必须记住：构建反映社会现象的影像，需要的不仅仅是"艺术传统"，而且还是鲜活的、富有生机的艺术传统。在现实题材的艺术创作过程中，传统可以成为富有文化气息、充满表现力、创造力的手段。创作时，传统意味着机遇，而非臆断的约束。如果传统不与时俱进，人们就没法生活，没法进行社会交流。传统包含了文化记忆。作为富有表现力的再现手段，它们成为生活状态的鲜活影像，被观众所体验。判断某个影像是否真实、是否与现实经验相吻合，其实就是在考察影像再现是如何与某一特定历史时刻的现实相联系的。这近似于一种渴望重构现实的再现形式。现实的重构可以被剖析为相关历史力量和思维倾向的具体情况。为阐明这个理论问题，我们必须回到特定的历史节点，那里才是现实性与真实性存在的场所。

　　通过这段有关现实和影像的序言，接着我将讨论当代中国摄影艺术的重要性，以及视觉场面（visual spectacle）、记忆和历史三者之间紧张关系中所处的位置。通过阅读王安忆有关上海的照片集的评论，我分析了照片影像如何被用作产生一份根植于日常生活的历史感悟。照片影像并非消费文化的反映，它可能是历史想象的一部分，可能是关于日常生活的叙述，也可能是文化记忆。这一研究首先需要挑战"所有现实都是一种再现"（all reality is representation）的观点。为此，我们的讨论从电台谈话转移到齐格弗里德·克拉考尔（Siegfried Kracauer）著作中的一段争论，针对的是摄影、史料编撰和视觉体验三者相互间既紧张又密切的关系。

　　正在兴起的现代史料编撰学，对新发明的摄影技术持有若干假设。19 世纪，摄影技术的出现，预示着人们对往事的感知会有全新的视觉立场。用兰克（Ranke）的话说，这正是一种力图展现"事物原貌"（wie es eigenlich gewesen）的写实主义倾向，为现代史料编撰传统奠定了基石。正如克拉考尔所指出的，该传统有助于"彻底揭示过去，并与打着历史哲学的旗帜、从哲学角度综合分析历史的概念工具相抗衡。"[①] 新写实主义历史学家对这种提炼性的概念传统颇为不满，他们试图探寻真实的现代生活过程。这就开启了现代史料编撰学纪实性质的现实主义路径。复杂的历史生活摆脱了预先设定的概念性及唯心主义的束缚。因此，我们还可以补充一点：概念工具其实与今天视觉领域的幻象相类似。19 世纪的概念与 21 世纪的视觉规范一样，都显得墨守成规，颇为武断[②]。概念工具和视觉工具的本质在于示意，两者都试图将人们的生活体验展现在全能的上帝之眼前；而在此过程中，原本纷繁复杂的生活体验消失殆尽。历史相对主义的批判性探索就是要越过这些概念系统，以便获取客观现实。

　　克拉考尔提醒我们，仅仅在兰克提出历史相对主义名言 15 年之后，摄影技术便应运而生，并立即威胁到文化思维倾向的改变。任何视觉性或概念性示意都没能为"现实"下定义，在探究"现实"泥潭的过程中，摄影技术拥有一种更接近于相对主义和历史

---

　　① Kracauer, *History：The Last Things before the Last*, Princeton：Markus Wiener, 1969, 第 48—49 页。更多的细节请参见原文。批判性的文献中同时出现了历史相对论的两种见解。一种是兰克提出的观点，用恰克拉巴蒂（Chakrabarty）的话说，即坚持"关注历史身份或事件的独特性和个性"，并纯粹从根源的角度接近历史事件的发生。另一种是黑格林·马希斯特（Hegelian - Marxist）的观点，认清历史运行中技术发展的趋势。Dipesh, Chakrabarty, *Provincializing Europe*, Princeton and Oxford：Princeton University Press, 2000, 第 22 页。

　　② 在关于笛卡尔式洞察的讨论中，德赛图将概念或理论与视觉等而论之。德赛图，第 93 页。

相对主义的潜质。因此，与历史学家相比，摄影技术对现实的探究显得更加深入。摄影的潜力如此之大，以至于威胁到了历史学家的叙述工具和程式。历史学家开始赞扬摄影对日常细节的记录"如同数学般精准"。随着早期卢米瑞（Lumière）影片的出现，摄影因其展现或者说完全等同于"当时当地的真实情景"（nature caught in the act）而备受赞誉。摄影和电影都被视为"独具顺应写实主义潮流的能力，这是优雅的传统艺术所无法企及的。"

　　同样的情况也发生在历史相对主义（historicism）身上。历史相对主义的目的是不遗余力地展现"当时当地的真实情景"。在当今批判氛围浓重的美国学术界，这种单纯的写实主义（naive realism）似乎为人所不齿。在我们这个媒体制造幻象的时代，在史料编撰领域的讽刺家牢笼中，理论家本着含糊其词、讽刺挖苦、谦虚低调的态度①，对任何客观的衡量标准都嗤之以鼻。既然如此，谁还会对立足生活、历史和存在以寻求真相感兴趣呢？这个问题可不是单纯的写实主义。刚才在电台谈话中错失的机会现在仍寄希望于单纯写实主义这只跛脚鸭，正如其中一位评论家所认为的那样，第三世界电影制作中的新写实主义倾向不应视为现实。为什么不呢？因为他假设任何依赖先前艺术传统的电影必然都是不真实的。这一点在人们发觉中国电影或多或少与其所效仿的好莱坞风格相似时尤为有害。认为看似写实的画面仅仅是对某种已知风格的复制，以此驳斥单纯的写实主义，这从历史的角度来看，与弄巧成拙一样幼稚。这种观点将艺术传统视为任何创造性、写实性的尝试都无法挑战的极限。艺术传统被看成是一种思想体系，作为思想体系，它不可能在追求现实性或更加真实地描述某个历史情景的认真尝试中显

① 米歇尔·罗思（Michael Roth）创造性地提出"讽刺家的牢笼"一词，专指当代历史思考中历史相对论的两难处境。这讽刺家的牢笼是"发觉自己的批判无处发表的文化评论家的囚笼"。参见 Roth, *The Ironist Cage: Memory, Trauma, and the Construction of History*, New York: Columbia University Press, 1995, 第 8 页。

得开放、客观。受艺术传统影响的写实影像仍然可能是某种现实，可能是真实的；假如一部灵活运用艺术传统的电影能够深深根植于特定时空下的真实情景，那么该电影就可以与社会体验产生共鸣。影像的真实与否，不应诉诸风格和传统的法庭进行仲裁，而应交由历史力量角逐的具体场景来验证。当然，这里也暗含着一种危险，即它急于从否定单纯写实主义转向所谓的单纯视觉主义（naive visualism），或者说将所有再现的影像层面局限于视觉化（visual）和臆断性（arbitrary）。在单纯写实主义看来，对阿富汗或中国社会场景的刻画与好莱坞那些东方主义者的描述并无差别——不过是风格化和体裁化的又一例证而已。有些人甚至宣称，假如去了好莱坞，中国电影会拍摄得更好。因为如果中国电影和好莱坞都重新采取预定的电影制作传统，那么每一部新电影都只是旧节目的演练和重播，只属于美学创新/重复、视觉或风格表演的问题。现实感需要历史和文化差异的意识，它被融入了某种类似写实电视节目的作品。

　　通过将所有的历史和现实都融入影像和视觉材料的平面上，"所有现实都是一种再现"的观点否定了真正新颖和创造性影像（这些影像不是重复性或复制性的）在认识论、历史学和政治学方面的价值。罗兰·巴尔特（Roland Barthes）为了坚持反映自然的资产阶级现实，对写实主义进行了攻击，而他的攻击却被用于解构形形色色的写实主义，结果将写实主义这个"孩子连同洗澡水一块倒掉了"① ——这似乎相当讽刺。当然，要回答这个问题，也绝不能简单地回到对视觉主义进行现实性与真实性批判。与此相反，我们可以对摄影写实中已被忘却的原始动机进行重新阐述。写实主义的动机在于对影像进行历史性重构，将写实主义倾向和格式化设计相互融合在一起，使人们对特定历史情境产生更为真实的理解。

_____

① Roland Barthes, S/Z, New York: Hill and Wang, 1974.

　　克拉考尔对摄影和电影的分析表明，历史学家和摄影家都必须同时依赖写实动机（realistic impulse）和形式模型（formal patterns）两种东西。这意味着，在特定历史情景中，主客观因素之间（这对立的两极在理论层面上是无法界定清楚的）微妙、辩证的相互关系会变得丰满充实。主客观因素的不同组合造就了对时代和民族气息的特定感受或真实性。人们可能会把写实主义倾向描述成某种犹豫不决或观望的态度。写实主义观察者并不急着赋予眼前的影像过多带有主观色彩和受艺术传统影响的预设信息。比如，在评价借助艺术传统追求的写实主义和风格主义时，我们可以根据摄影穿透现实的程度，设想出两种途径：其一，"表面上不言而喻，实际上仍旧湮没于现实生活中"。其二，"在灯光、背景等方面都具有鲜明的风格，使其不再能够反映瞬息万变的生活"。在第一种情形下，摄影的风格化冲动似乎有所淡化，并从属于写实主义倾向。这表明摄影家"不像是热衷表现的艺术家，更像是富有想象力的读者，努力研究和破解晦涩的文本"。他敏锐、深刻的洞察，表明"他的确尊重眼前的事物"。他是个探险家，"充满了好奇心，漫步在未被人类征服的空间。

　　真正的摄影家提炼自己的生命本质，不是为了发泄在自主创作的过程，而是将其融入镜头前真实生活现象的实质……如果说摄影是一种艺术，这种艺术也有其独到之处：它有别于传统艺术，使它引以为豪的是未完全浪费原始材料。

　　同样，尊重眼前现实的历史学家也是如此。"他厌恶将先入为主的偏见凌驾于自己记录历史的职责之上，更厌恶浪费自己尽力保留的原始材料。"面对摆在眼前的事实，他会"关注复杂的事件、发展和形势的展示，并使之尽可能少受自己主观偏好和程式化设计的干扰"。

　　实际上，历史学家和电影制作人都贴近瞬息万变的现实生活。他们打开镜头、睁大双眼，观察被称为"生活世界"（lebenswelt）

的现实。他们的写实主义艺术"糅合了无生命的物体、面孔、人群以及那些掺杂着痛苦和希望的人们；其主题在于全面展现丰富的人生，展现我们日常生活中经历的人生"。

一　摄影、历史和文化记忆

　　20 世纪 80 年代末以来，中国掀起了一股通过制作视觉和摄影材料来记录文化记忆的潮流。琳琅满目的摄影扑面而来，各式老照片的集锦，展示了不同城市、亚文化、地区和社区的面貌。这些出版物似乎都颇具雄心：它们志在成为展现往事的视觉历史，展现过去的活动或曾经风靡的现象。然而，涉猎广泛却又缺乏联系的照片，无法明确地表达历史感，因为它们未能凝聚成内涵丰富、具叙述性和历史性的导向。新写实主义小说的兴起和蓬勃发展也显示了模糊不清、相互矛盾的按时间顺序记录过去、现在和将来的趋势。电视连续剧层出不穷，涵盖了不断变迁的中国社会的漫长历史和沧桑兴衰，这也暗示了一种历史相对主义的态度。电视剧《一年又一年》和《来来往往》以及贾樟柯的电影《站台》，似乎都是按时间顺序、通过历史相对主义的手法再现往事，仿佛只是时间的流动。怀旧摄影的重要性体现在大众文化潮流和历史相对主义趋势。正如本杰明所说的那样，历史相对主义意识就像数念珠串一样，总是按先后顺序叙述事件。其基础在于假设时间是空洞而同质的①。因此，尽管我们处在不同的时代，我们的民族精神面貌与《一年又一年》等电视剧中刻画的也有差异，但对待时间流逝的看法却似乎在告诉我们：事情就是这样发生的，正是日复一日、年复一年

---

　　① Benjamin, *Illuminations*, New York: Schoken Books, 1968, 第 263 页。更多的细节请参见原文。

发生的一切，最终汇聚成了时间的长河。

那么，摄影是否促成了空洞的时间？照片可以用来记录记忆吗？个人、公共和文化记忆是否与苍白的、中性的时间轴有所不同呢？这都取决于观看者如何解读这些照片。正如前文所述，记录往事的影像可能类似历史相对主义不遗余力的态度。它最主要的观点是：一切事物都源自某个特定的时空；然而由于照片的限制性，它只是往事的遗迹，只能满足人们探求历史的好奇心。依附于时间的历史相对主义尝试与唤醒文化记忆之间并无什么关联。正如本杰明对波德莱尔（Baudelaire）的分析指出的，摄影采用了机械设备，"以延伸自由记忆的范围"。摄影借助其客观记载的功能，"以影音方式将发生在任何时间的某一事件永久凝固"。摄影反映了社会逐渐向现代化迈进的步伐。在当代中国，这种观念对理解视觉体验和影像制作是有帮助的。在向现代社会转型的过程中，无意识的记忆领域包含经历、气氛、积淀的人际关系、对消逝的场所和传统的记忆，等等，都已由记录工具取而代之了。摄影可以"记录瞬息万变的事物，使画面停留在我们的记忆档案中"。但是，仅仅将记忆存档并不能等同于文化记忆。资料就这样堆在那儿，没有甄别筛选，缺乏感情的倾注和历史的作用，也未能清楚地表明它与当下的联系。本杰明强调波德莱尔的观点在了解当前人们对摄影和数字视觉材料的兴趣方面具有重大意义。本杰明认为，融入照片档案的是受记忆干扰的想象力和带有感情色彩的思想。我们缺乏那种能够提取无意识记忆的影像，正是无意识的记忆赋予了事物体验和真实的氛围。本杰明注意到"若源自无意识记忆的影像的独特性在于氛围，那么'氛围消亡'的现象必然牵涉摄影学"。

在现代变化越来越快的世界里，摄影作为一门技术，其最具优越性的功能就是可以修复性地记录过去的痕迹，即便所谓的"往事"其实发生在昨天。它仿佛是一种容器，尽可能不加选择地囊括所有即将成为过去、濒临消失的事物。作为存档材料，记录往事的照片不可避免地带有陈年旧事、无生命力的外部性质。正如皮埃尔·诺拉在论及人类保存档案的活动时所说："内心体验的记忆越是稀疏，就越需要外部的支撑和有形的提醒，唯有这样，我们才能了解那些除记忆外不再存在的往事——正是因此，我们沉迷于档案材料，档案记录着一个时代的特征，我们试图通过档案保留的不仅是过去的一切，还有当前的一切。"① 照片不再与当前直接相关，而是被保存或珍藏。它们成了陈年往事的具体物证，成了对我们来说意义深远的剪影。

近年来，王安忆深陷怀旧情绪，钟爱摄影及记录往事的照片。然而，王安忆处理这些饱含记忆的旧照片的方式，不同于博物馆将记录历史的旧照片归档。在其作品《寻找上海》中，王安忆审视了许多新旧照片集，并为这些照片添加叙述和评论。显然，这些珍藏按时间顺序记录了上海这个国际化大都市演变的历史或者说历史的多个层面。照片集的标题颇具深意，比如"正在消失的上海弄堂"、"上海弄堂"、"旧上海明信片"、"历史的足迹"、"上海民俗风情"，等等。翻阅王安忆的作品，我们无疑会被其中多姿多彩的生活场景、市井风光和生活习惯所呈现的、近似纪录片的真实描述所震撼。

与其将这些照片视为历史足迹的记录，我们不如将之看成是对值得记忆的特定往事的怀念。只有在旧照片中记录的邻里生活场景逐渐消逝之际，它们才需要修复性的想象，唤醒我们的记忆。因此，吸引观众的并非这些照片的客观精确性，而在于它们的展示价值——呈现了五彩斑斓的浪漫往事。

让我们看一看有关"街景"的简短叙述以及为之补充的照片吧。街景可轻而易举地成为旅游或犯罪的场景，它们也可以作为社

---

① Pierre Nora, *Realms of Memory*, Vol. 1, New York：Columbia University Press, 1996, p. 8.

会分析和统计之所。究竟它们是不是记忆中的场景，要解答这个问题，人们需要文字叙述而不仅仅是视觉材料的展示。本杰明曾经谈道，"长时间对着相机看"产生的非人性化的、死气沉沉的感觉，"因为相机记录的是我们所想，却不能使我们重见原景"。没有主体间的人际共鸣或情感交流的照片是没有影响力、没有记忆、没有归属感的。与这种死气沉沉的色调形成鲜明对比的是，王安忆对街景照片的评论弥漫着经久不散的市井气息，尽管熟悉的街貌对她也有吸引力。在王安忆叙述的引导下，我们欣赏着一系列照片，并非为了解过去某个历史阶段的真实面貌，或者说时空维度。王安忆解读照片的方式，近似街头漫步，我们仿佛看到了一张张熟悉的面庞、一份份陈旧的档案、一栋栋古色古香的建筑，感受着其中饱含的情感和联系。这些照片上凝聚着画家般的目光，叠加于影像之上，交织着记忆和渴望。在这画家般的目光注视下，照片转化为肖像画，点缀着爱的皱纹和饱经风霜的痕迹，点缀着强烈的人文气息。这画家般的目光同样也是作家的目光。因为在王安忆的叙述中，我们逐渐感受到了隐秘的记忆以及那些记忆与当今社会的共鸣。

我要写的这条街，名叫江苏路。我对它其实并不熟悉，在它附近仅仅居住了数年。只是当某一天，我突然发现它的街面房子拆除一空，露出身后楼房白森森的山墙，它的街景一下子跃出在眼前①。

尽管配置这段简短叙述的五幅照片都位于标题"街景"之下，然而它们更似特写的肖像画。第一张描绘的是一位老妇人，坐在面朝大街的门口卖花。第二张是个叼着烟的工匠，正在他的作坊里修补锅罐。第三张则是从 20 世纪 50 年代开始直至"文化大革命"

---

① 王安忆：《寻找上海》，学林出版社 2001 年版，第 115 页。更多的细节请参见原文。

结束时中国熟悉的街景——街上的小贩在一群兴奋的孩子们的围观下烤着爆米花。接着一张照片表现的是老年人在人行道上玩象棋的场景。最后是傅雷的照片，他和妻子因翻译了巴尔扎克的小说而家喻户晓。

我们漫步在记忆的长廊中，徜徉在充满平凡经历的生活道路上。这是早已失落的、对隐藏在大街和店面后的劳作和愉悦的体验。江苏路仅仅是上海无数弄堂的一个缩影。弄堂是个隐秘、广阔的网络，由通向各个方向的众多小巷交叉而成。它们赋予步行者无数穿越城市的捷径。当你漫步其中，定会感受到弄堂"气息"的渗透和蔓延。这是一种很缠绵的气息，"它洇染了我的记忆"。弄堂充斥着不同于通衢大道的活泼和事务。住在小巷里的人们辛勤地劳作着，他们的劳作主要通过双手完成。然而，他们似乎也在演戏。那些喧闹并不刺耳，反而富有人性，因为这是人们劳作、谋生的声音。这里有记录日常生活的无数笨拙、凌乱的符号：从窗口伸出、晾衣服用的竹竿、拖把的脏水滴在下面的人行道上、杀鸡后留下的血水，还有小餐馆前的热水管。

市井生活是家庭生活的外在延续，它将弄堂邻里卷入相互影响的群体生活。小巷居民喜欢在街面活动，打牌、吃饭、乘凉、准备晚饭……小学生坐着凳子，趴在椅子上做作业。显然，王安忆利用了文学作品和文化传统中有关中国街头巷尾生活的丰富记忆。正如使街头巷尾的生活永恒不朽的上海作家张爱玲，王安忆也默默地赞美着这鄙俗粗陋的生活实质。在该书另一篇文章中，王安忆谈及张爱玲对街景的热爱。张爱玲"喜欢听市声"。她欣赏街上煮饭烧菜的味道，甚至是煤炉散发的烟味。街景在张爱玲的作品中充满了"狎昵"的气息，或者说人气有着"暖老温贫"的情感。寒天的早晨，有人在人行道上生小火炉，呛人得很，可是张爱玲"喜欢在那个烟里走过"；张爱玲珍视的似乎是那些有贴肤之感的生活细节，也就是最具体、最真实的体验。

煤炉的烟味象征着"俚俗"但却踏实、真诚的生活。我们可以把它当做将市井生活暗喻成人间烟火。王安忆借此暗喻来定义上海众多的公共和私人娱乐、购物以及节庆场所的本质。试图加速城市发展的规划正逐步摧毁街巷的环境，这种看似俚俗实则有尊严的生活变得值得怀念，并极具情感上的感染力。围绕这种生活模式，人们积累起太多的记忆，发展起太多的社会组织。王安忆通过追溯上海的市井风光在都市化和现代化进程中蜕变成理性规划的经历，遗憾地发现江苏路被扩展成一条宽阔、笔直、平坦的马路，车辆飞速地行驶，发动机洋洋盈耳。狎昵街巷的消亡引了文章的结论，其中说到傅雷之死，他在"文化大革命"期间因受迫害而引颈自尽。傅雷夫妇的照片和普通人的放在一起。傅雷的职业艺术生涯褒扬了平凡、踏实的百姓生活，赋予它更多的尊严。当一位知识渊博的伟大艺术家和弄堂里的普通人成为邻居并一起生活时，人与人之间是没有高低贵贱之分的。但傅雷的弃世和他邻居的死以及弄堂的消亡是平行的吗？历史进程的加速是否摧毁了记忆之途和对人类脸面的美好记忆？

二　都市规划中的影像和故事

王安忆并不把摄影看做是在连续的同质时间内对特定时空的记录。她不仅将照片视为肖像画，还认为照片反映了不断发展的叙事的关键时刻。在充斥着视觉影像的城市环境中，王安忆试图重新定义其讲故事的功能。"讲故事"旨在讲述从前或过去的事情，即讲古。故事承载了乡村的一代代变迁、村民的祖先和家谱、村庄的繁荣和衰落。故事记录了季节变化及种植和生长的自然规律。故事讲述了家族轶事和婚姻，无数的分分合合。故事是一种能够产生凝聚力的媒介。村民稳定地集合在一起生活，接触密切，"有始有终地

承担着各自的角色，伴随并出演自己的故事"。乡村是故事产生的
必要条件。"这条件即是承担过程的人物和由人物演出推进的过
程。而当此过程成为故往的事情时，又有自始至终的目击者来传播
与描述此过程，讲故事的人也具备了。"

城市环境中的视觉产品倾向于掏空人物及其故事。王安忆说，
"城市无故事"。假如没有人物，便做不成事情。"剩下的只有一幅
风景，就成了一帧画了。"照片中或许有人，但并非故事人物。照
片成了一张纯粹的照片，而且是仅仅适用于申请某一职位的报名
照。王安忆认为，照片应当是汇集不同故事、记忆、想象和轶事的
焦点。为了寻获照片的意义，我们可以通过详尽叙述唤起记忆。撷
取真正的记忆已经成为视觉素材激增的新时代的急迫任务，因为这
个时代的普通人渐渐无法把握故事线索及过去生活所依赖的象征性
生命线。在日益国际化的上海，城市规划正变得更为理性、更现代
化，本地的社会结构逐渐分崩离析，迥然有异的个体都不得不每天
在仓促拼凑的故事中得过且过，因此，值得怀念的故事越来越少。
故事的贫乏导致了大量照片的涌现，在不断流逝的时间里固定了值
得怀念的影像。狎昵迷人的街巷故事正被全景概览所替代，这也是
现代观察时空、联系时空的方式特征。王安忆从"前现代"农村
情感的制高点，将平面影像及照片与上海现代建筑和规则街道布局
的总体风格联系起来。流线型弧度、平整的表面、坚硬的棱角和戏
剧性特质——所有这些确保了泰然的节制和适当的理性。现代城市
建筑象征着精密准确的空间计算和钢筋水泥的生活环境。

罕见于城市照片中流畅理性部分的感性写实细节，锐化了其抽
象、非人格化的特质。通过辨识现代建筑环境中人物形状肉质写实
的戏剧张力，王安忆发现了城市的提炼性质与丰满人体残余的感性
间富有喜剧效果的对比和稍含讥诮的距离。来自农村和不同省份的
人物强化了这种无计划不规则感。他们"更加不规则，更加自
由"。感性的劳作以及亲手劳作的经历在他们身上留下了印记。外

省人的脸型带着自然的状态。他们脸上的光和影比较细碎和密集。室外的光线、肌肉感和皮肤的运动路线，在面部形成某个部分的发达，以及某个部分的疲损。"这是自然的、可感的运动痕迹。"外省人的身体仍然沉浸于生产实践，不受城市惯常生活和消费方式的理性制约。相比之下，城市环境中的人体更加轮廓清晰，更加标准化。看一看这位女性的脸。这张脸上的光影是匀整、光洁、边缘分明的。这样的脸"也是格式化的，刚好与几何形状的背景相符。这张脸是由室内非体力劳动、现代化妆技法、消费的时尚潮流一同造就的"。城市建筑的理性平面与化妆后抹除了感性细节的风格化面孔一脉相承。它带有概括的倾向。这张女性照片就像城市失去个性的面孔，非常紧密地融入了理性城市的风景。这是一幅平面照片，漂白了外省人照片中近似肖像的特质。

王安忆使根植于传统社会手工或体力劳作的感性，与现代空间的理性映射相对峙。这种人为的规划同样也渗入到人的面孔和邻里社区。米歇尔·德赛图（Michel de Certeau）写道，城市的全景是一个几何空间；它是一个"视觉上的、展示全景的或者理论上的构建形式"。在王安忆对上海的描述中，现代化和都市化进程中蔓延的理性映射正在彻底清除残余的街巷生活，尽管这种城市中的乡村生活已经延续了几十年，乃至数百年。理性的全景式视觉表达忽略了德赛图所谓的行人，也就是王安忆眼中活跃的演员。"行人的肢体紧随其所撰写却没法看懂的厚薄不一的城市'文本'。"（德赛图）全景式的视野是城市规划者、开发者和管理者，还有投资者的视野。它对生存空间的洞察是"视觉的"，这是一种形而上学的笛卡尔式的洞察，具备阅读和塑造的能力。这种现代视觉体制将人间的熙熙攘攘、烟火简化为平面照片或者说视觉平面及由此产生的清晰幻象，完全漠视了城市居民"朦胧交织的日常行为"（米歇尔·德赛图）。它压抑了不适应这空洞鸟瞰的各种条件和情景。现代性认为它可以脱离母体自我创造；视觉性则假设它即使脱离承载记忆和历史的个体也能够继续发展。

　　王安忆在城市全景照片中搜寻的不是对后现代幻象和笛卡尔式概览的确认，而是人体细微的姿态、身体间的互动、劳作习惯和写实空间。她搜寻的是占用弄堂公共环境的人们。这些实践具体明确的，在邻里范围内，并以社区为基础；它们是活动的、社交的、感受和观察事物的传统方式。它们可能在人类学研究、诗歌创作、神话传说以及讲故事时被提及。王安忆在其他作品中尝试过上演嵌入社群网络和生产劳作的个体实践。她的长篇小说《纪实与虚构》除描述老上海邻里之间残余的、湮没无闻的老规矩和喜庆活动外，还唤起了一个历史族群的神话往事。小说《长恨歌》探究上海商业文化最繁荣时期的现代商品形象，结果却穿透了围绕商品的抽象实体会聚交织的集体记忆的隐秘深处①。在其短片小说《富萍》中，由来自扬州的环卫工人构成的邻里亚文化，可能主张本地、城市乃至民族文化的传承得到尊重，这种传承包含了民俗和社会主义工人阶级传统。正因为如此，本章所讨论的相片集由节选自王安忆众多小说、故事和随笔的简短叙述串接起来。这些叙述并非用于诠释照片的说明文字；它们在照片内外编织着故事。它们同样也是一种实践，就像散步；它们使得理性的城市更适合居住，更具故事性，并在其光滑平整的表面增添了人的气息和记忆。

参考文献

王安忆：《寻找上海》，学林出版社 2001 年版。

Ban Wang, "Love at Last Sight: Nostalgia, Commodity, and Temporality in Wang Anyi's Song of Unending Sorrow", in *Positons*, 10 (3) (Winter 2002): 669.

Benjamin, *Illuminations*, New York: Schoken Books, 1968.

---

① Ban Wang, "Love at Last Sight: Nostalgia, Commodity, and Temporality in Wang Anyi's Song of Unending Sorrow", in *Positons*, 10 (3) (Winter 2002): 669.

Pierre Nora, *Realms of Memory*, Vol. 1, New York: Columbia University Press, 1996.

Michael S. Roth, *The Ironist Cage: Memory, Trauma, and the Construction of History*, New York: Columbia University Press, 1995.

Roland Barthes, S/Z, New York: Hill and Wang, 1974.

Kracauer, *History: The Last Things before the Last*, Princeton: Markus Wiener, 1969.

Dipesh, Chakrabarty, *Provincializing Europe*, Princeton and Oxford: Princeton University Press, 2000.

Martin Jay, *Downcast Eyes: The Denigration of Vision in Twentieth – Century French Thought*, Berkeley and Los Angeles, University of California Press, 1993.

Michel de Certeau, *The Practice of Everyday Life*, Berkeley and Los Angeles, University of California Press, 1984.

"Film Forum: Images of the Middle East", March 21st, 2003. 具体参见 http://www.wbez.org/audio_ library/od_ ramar03.asp。

[本章作者　王　斑（Wang Ban）]

第 六 章

泰国南部的祖先记忆：人类学
关于穆斯林和佛教徒共生的
社会记忆的研究

一 引言

记忆总是发生在当前。从这种意义上讲，虽然记忆可以唤醒过去，但记忆的行为本身并不属于过去。诚然，记忆可能有一只脚踏在过去，但记忆的动机存在于此刻的情形中。这些事实让我思考，当我们让记忆神奇地呈现在眼前的时候，我们都做了什么？

当记忆作为人类学一个主要对象考察时，焦点通常是仪式。仪式传播与日常交往形成鲜明的对比。仪式是通过一连串的习惯性动作展现出来的，而且每个动作都把参与者和传统紧紧联系起来。就这一点来说，仪式被看做是在积极地支持整个社会结构，或者是一种让社会权威正当化的方式。消极地说，它被认为是混淆了现实中所存在的权力的不平等。莫里斯·布洛克（Maurice Bloch）曾提出，仪式是一种意识形态，它通过精心设计的形式为日常生活提供了另一种选择，展示出超自然的力量（布洛克，1992）。或者说，仪式所做的可能不仅仅是抽象地表示或神化社会结构，它还会作用于社会结构。仪式被看成是社会群体间政治竞争的重要遗迹，它与社会变迁、传统以及连续性的传承都紧密相连。

但是，仪式通常被认为和集体事宜显著相关。它需要一个社区或是一个群体的人在表演中维持其生存。因而得出的推论是，回忆往昔的集体记忆在仪式中不断重演，构成了目前的社会状况，其中也包含着对于未来方向的指引。

当人类学家接近"记忆"范畴，他们总会对个体体验与社会实在性的关系产生兴趣。然而，不同于集体仪式，记忆能被个人所储存。即便如此，哈布瓦赫在他关于集体记忆的作品中（哈布瓦赫，1950）却拒绝承认真实的个人记忆存在。

他指出，独特的个体记忆只有在与群落中的集体记忆存在交集时才会发生。哈布瓦赫的观点的一个致命弱点是，它基于这样一个前提，尽管有一个叫做社会的实体，这个实体可以保存记忆，但是，社会保存特定记忆的方式却不甚明了，找不到这方面的记录。显然，作为所属集体的一员，个体在与他人互动过程中获取记忆。但是，很明显，对于任何分析者而言，没有人在一个完全被动地受制于社会经济真空的环境中生活，然而，哈布瓦赫的观点只考虑到社会经济背景对人们的记忆的影响。在他看来，每一个记忆的源头都是共享的、集体的。这个共有的、有效的社会貌似有属于自身的记忆。从这一点上讲，个体似乎被动却又自动地接受着社会的集体记忆。人们一旦持有这样的关于社会记忆的静态观点，就很难认识到，社会记忆是活生生的人在社会互动过程中通过鲜活的、富有创造力的活动而形成的。

集体记忆概念的不足之处促使我进一步探究，重新考虑社会记忆和个体体验之间的关系问题。因此，我会在此文中再次考虑社会，这一能够保存社会记忆的实体的概念。本章以一个特定的祖先仪式为起点，它似乎存留了泰国南部村庄里的一群人对于旧时的关系的记忆。他们的先辈中既有穆斯林也有佛教徒，已经世代在一起生活了很久。我在进行分析的时候，并不会完全不考虑社会经济背景结构对人们的记忆的影响，而是从泰国穆斯林的生活现状入手，逐步展开我的论述。

二　泰国穆斯林现状

　　根据泰国政府发布的 2005 年的宗教数据，穆斯林人口比例为 4.5%，占总人口的少数，而总人口中 94.5% 都是佛教徒。这些穆斯林中的 3/4 生活在泰国南部，尤其是马来半岛的边境省份。在这儿的 4 个府，穆斯林占据了总人口的绝大多数，达到 60%—80%（Kromkan Satsana，2005）。泰国的大部分穆斯林研究都集中在了这 4 个府。在有关民族融合的政治问题上，这类研究更倾向于强调穆斯林构成了一个少数团体，它的成员都说另外一种语言，行为举止也处处体现着文化的差异。然而，泰国南部的穆斯林很显然不属于同一类型。我们发现有两种广泛的分组：东海岸讲马来语的穆斯林，分布在北大年府（Pattani）、那拉特越府（Narathivat）和亚拉府（Yala），在这里伊斯兰政治运动最为活跃；西海岸讲泰语的穆斯林，分布在沙敦府（Satun），在这里涉及穆斯林的政治问题很少见，并且在这样一个佛教大国里，住在沙敦府的穆斯林被泰国政府树立为伊斯兰教和佛教共生的良好范例。

　　第二次世界大战后，泰国南部的边界问题产生。原先，北大年府、亚拉府和那拉特越府三省边界作为独立的伊斯兰领地存在。依据 1909 年的《英暹条约》，泰国并吞了北大年（Pattani），并于随后创设了省份。1963 年获得独立的马来西亚也在并行发展。在 20 世纪 60 年代，一些致力于从泰国获取独立的伊斯兰团体开始出现，包括北大年民族解放阵线（PLFP）和北大年联合解放组织（PU-

LO)。这些团体在 20 世纪七八十年代积极从事反政府活动。然而，到了 20 世纪 90 年代，泰国政府通过实施特赦和建立 SBPAC 组织（sun amnuai kanborihan changwat chaidaen phak tai，一个在当地居民和政府之间进行协调的组织），似乎在化解南部局势问题上取得了一定的成效。

但到了 2004 年 1 月，一些叛乱者袭击了一个军营，攫取了 300 架火器并杀死 4 名士兵。随后事件继续升级，20 所政府学校被烧毁。再起的暴力行为主要影响了东部沿岸的 3 个边境省份，另外也稍稍地蔓延到了宋卡府南部。自 2004 年 1 月这起事件发生至 2008 年 1 月，估计死亡总人数约为 2700 人。遇害者中包含士兵、教师以及公务员，死亡人数都在 100 人以上，同时有许多平民被无辜杀害。另有 250 多所学校都发生过纵火案件［《国民》(The Na-tion)，《泰国英文日报》2008 年 1 月 1 日］。动荡期间，西部海岸的沙敦府深受其害。

我的研究就在泰国南部西海岸的沙敦府（Satun）进行，介绍那里的穆斯林和佛教徒共生的问题。

三　穆斯林—佛教徒村庄里的日常习惯

（一）穆斯林与佛教徒之间的通婚

在沙敦府的部分农村地区，穆斯林与佛教徒关系的特点很大程度上是由高通婚率决定的。

通过观察马来西亚，卡斯滕（Carsten）着重指出，一个血亲社会中，如果要创建先前并不被承认的亲属关系，分享食物和生存空间会显得尤为重要（Carsten，2000）。而宗教的差异严重阻碍了这一社会性发展。在这个世界，信仰不同宗教的人群通常不能居住在同一屋檐下。在各宗教间的婚姻中，夫妻中的一方改变信仰很常见，因为"夫妻必须信仰同一宗教"的观念非常普遍。即使如此，相比同地区其他地方一起生活的穆斯林和佛教徒，在我进行研究的村庄，跨教通婚的概率却要高得多。这个村将近20%的婚姻都是穆斯林和佛教徒的结合①，而根据温恩策乐尔（Winzeler）的记录，在马来西亚，161对夫妻中只有5对是跨教联姻（3.1%），同样，查维温（Chavivun）指出，泰国南部东海岸的北大年府也鲜有通婚的例子（Winzeler，1985；Chavivun，1982）。

在这个边境地区的其他地方，通婚、改变信仰也都罕见。在泰国南部东海岸的其他地区或是马来西亚北部，少有的几个通婚后改变信仰的案例中，总是佛教徒皈依了穆斯林。而我在的村庄却因通婚的频繁性、信仰更换的可接受性而与众不同，需要说明的是，无论是穆斯林改信佛教或是佛教徒改信穆斯林，在这儿都行得通②。

高通婚私奔率确实要归因于穆斯林和佛教徒之间所受的结婚阻力。两教通婚的私奔率（ni taam kan pai）③高达39.4%，而这个概率在单纯的穆斯林夫妻中只有6.6%，佛教徒中更低，为4.6%。泰语的"私奔"一词中，ni就是逃跑的意思，tam是跟从，kan为"一起"，pai为"走"。因此，ni taam kan pai可以翻译成"一起逃跑"。私奔一般有两种情况：一种是双方的一个直接搬到另一个的家里，然后新人开始在未经彼此父母同意的情况下一起生活；另一种是两人逃到另一个陌生的地方开始同居。私奔是一种为通婚而冲破阻力的手段。私奔之后，面对着既成事实，大多数婚姻最终都被父母所认可："既然生米煮成了熟饭，也就没有再阻止的办

---

① 159对夫妻中有33对是穆斯林和佛教徒的结合。

② 佛教徒转信穆斯林的有16例，穆斯林转信佛教的有19例。包括2例互换：穆斯林改信佛教和佛教徒改信穆斯林。

③ 本章所使用的泰语音译（转写）体系是根据Phya Anuman Rajadhon中的"皇家学会规则"（1954）、"泰语转写为罗马字母的普遍音译系统"、"泰语的属性与发展，曼谷，1963年，第32—36页"，还有一些作者的改写。

法了。"

通婚之后，彼此的佛教徒或穆斯林身份究竟该如何认定？通常，经过"沙哈达"（shahada），也就是诵读穆斯林的经文，佛教徒就被看成是改变了信仰，成为穆斯林。如果信佛的一方没有去背诵信仰的经文，改变信仰，那另一方就被看成是佛教徒。也就是说，宗教的界限仅仅由是否参照了穆斯林的信仰就可以划定。日常生活中，村民常常把到清真寺的人看做穆斯林，把到寺庙的人看做佛教徒。婚后，改变宗教的人不能跟持有不同信仰的父母一起居住。这一界限限制了血亲亲属关系的延展性。

（二）"萨扎纳"（satsana）和"伐萨"（phasa）

日常生活中，即便在因通婚而改换宗教之后，如果父母都尊重孩子的婚姻和对宗教信仰的变更，改变信仰的人仍可以与亲生父母方的家人保持联系。比如说，一位女性穆斯林改宗者住得距离父母家很近，她几乎可以每天都带孩子们过去，请父母照看他们。不过，改变宗教之后，确实有宗教差异凸显的情形发生，这就是宗教仪式习惯的不同。

在这个村子，有两个词能够被翻译为宗教。一个是"萨扎纳"（satsana），指懂得功德（bun）和罪恶（bap）。它们都是穆斯林和佛教徒公认的人类的特质，与不懂得功德和罪恶的野兽形成鲜明的对比。另一个是"伐萨"（phasa），指每种宗教所特有的具有区别功能的习惯。在标准泰语中，"伐萨"（phasa）通常被理解成"语言"和"演说"。但在泰国南部，"伐萨"（phasa）被解释为"习俗"（prapheni），或是"做"、"行动"、"执行一个惯例"（patibat）。"伐萨"（phasa）普遍用在称呼穆斯林（泰语为phasa khaek）和佛教徒（泰语为phasa thai）的宗教习惯中。使用"伐萨"（phasa）一词的时候，它便鲜明地显示出宗教的差异性。宗教仪式中，穆斯林和佛教徒之间的界限，也就是"伐萨"（phasa）的不同，变得十分明显。每一方必须严格遵守各自的宗教流程。

所以，在父母举办做功德的宗教仪式时，由于改宗者自己不能参加，他们要把钱交给父母。如果遇到父母亲去世，并非由改宗者本人为父母做功德，而是把钱交给亲戚，由他们来完成。给逝去的人做功德的习俗应该按照人还活着时的程序来操作。这一点可以在"卡目批"（kham phi）中得到确认，"卡目批"就是死者死后要回归到原先信仰的宗教，并按照这一宗教的习惯来举办葬礼的临终遗嘱。大多数情况下，穆斯林的改宗者会留下这样的遗嘱，希望以此来免除自己因改变信仰而犯下的罪。但是，这只有在他至少有一个孩子是穆斯林的条件下才会有效；一般来说，如果通婚后一方改信佛教，那么所生的孩子会依照佛教的规矩来抚养。

另一方面，"池瓦萨"（chwasai），即祖先和后裔的关系，大概是对两种宗教遗产的共同传承。一个人既能有穆斯林血统，又能有佛教徒血统。然而，这些血统并不会像共享权利和利益的群体那样凝聚起来。但血统非常重要，因为血统维系着一种与祖先的关系，恩赐是从他们那里祈求而来。从某种意义上来说，"伐萨"（phasa）强调与死者的关系，是一种具有区分功能的宗教形式，而"池瓦萨"（chwasai）则强调与祖先的关系，像是一个宗教共存的委托人。

（三）血亲亲属社会中的祖先概念

泰国南部，祖先一词为"ta yai"①。标准泰语中，ta 意思是外祖父，yai 意思是外祖母。但是，文中的 ta yai 是指广义上的祖先，而不是指特定的外祖父母②。在泰国北部，phi pu ya 与众亲属的房产有关，而这里的 ta yai 与此问题不相干。特顿（Turton）认为，泰国北部"祖先"的概念有如下特征："它和著名的案例——非洲西部的塔伦西形成异常鲜明的对比。塔伦西的宇宙哲学以及政治体

---

① 泰国北部，"祖先"一词为 phi pu ya。

② 泰国南部，如果是表示外祖父母，常用 phor khae 和 mae khae ta，而不用 ta yai。

系是由祖先崇拜以及单系的血统原则掌控的。"（Turton，1972）正
如我们从塔伦西所了解到的一样，一旦祖先崇拜被制度化，那条一
直被强调的关于祖先的线索不仅为依照宗谱规则排序的社会结构提
供了一份纲领，同时这些祖先之名也会因此而被人们所纪念和告慰
（Fortes，1975）。然而，在泰国北部，一个有着共同的 phi pu ya 祖
先的世系群却并不会在结构上组成一个专有的集体，把权力赋予土
地或别的产业。

在泰国南部，每到阴历的六月，一些村民就会举行年度的 ta
yai（祖先）仪式。它包含的内容有：供奉食品、向祖先祈求保护
以远离不幸和疾病。1995 年，7 位村民（4 位穆斯林和 3 位佛教
徒）主持了仪式，并举办了由他们儿辈和孙辈参加的活动。ta yai
就这样一代代继承下来，性别、宗教或是兄弟姊妹的次序统统不会
考虑，没有任何关系。据说，选择谁是由祖先他们自己决定的。如
果祖先让其中的一个孩子生病或者食欲不振，那么继承人就明朗化
了。这种情况若发生，在向祖先祷告并许诺准备供奉之后，孩子会
很快恢复。这一切过后，祖先就会护佑这个孩子①。

我需要在此区分去世的亲人和 ta yai（祖先）之间的不同点。
坦比亚（Tambiah）依据他在泰国东北部的研究写道："普遍认为，
如果后代没能把功德继续传递给逝去的人，逝者的灵魂便会制造出
一些微恙，比如头痛、发烧。"（Tambiah，1970）坦比亚说，人们
相信，所有死去亲人的灵魂都能够侵入活人体内。可是，根据我在
泰国南部的调查，那里的人们从来不把功德传送给 ta yai（祖先）。
他们功德的传送对象仅限于个人熟悉的逝者，而并不包括施功德的
人根本不认识的祖先。他们通常相信，受纪念的死去的亲人是不会

---

① ta yai（祖先）仪式中，各有两个男女穆斯林指挥，都是穆斯林祖先的后代。而
仪式的佛教徒继任者中，一个男性，两个女性，其中两个人是穆斯林的后代，一个是佛
教徒的后代。ta yai 的宗教归属似乎是不相关的：一个穆斯林后代说，他从不了解 ta yai
的宗教归属，这个仪式仅仅是由上了年纪的人传下来的。

来折磨活着的后代的。在寺庙的仪式过程中，人们做功德是来纪念自己死去的亲戚和那些没有亲人的死者，而不是为 ta yai（祖先）而做。还有一点必须说明，ta yai 究竟是指针对个体的祖先还是指针对未分化的集体的祖先仍然是个未知数。

人们向 ta yai（祖先）祈求恩赐。"死去的人"与"祖先"两者的差别可以通过活着的人对他们的不同态度反映出来。死者是活人的功德传送（bun）目标，而祖先是后代的恩赐祈求对象。也有一部分村民称 ta yai（祖先）仪式为 kae bon，意思是恩赐的反馈。

（四）"池瓦萨"（chwasai）的来龙去脉

"池瓦萨"（chwasai）通常指祖先和后裔的关系。字典里，"池瓦萨"（chwasai）的注解是血统，本意 stock，即血统，或者是"后裔"（富田，Tomita，1987；松山，Matsuyama，1994）。而 chwa 的意思是：（1）微生物，细菌；（2）酵素，酵母。复合词里它通常的意思是"作用剂"或"精华"（Haas，1964）。换言之，它蕴涵着"起因"的意思，也就是复制以前的形式和内容（富田，Tomita，1987）。

因此，祖先和后代的关系问题涉及从祖先到后代的形式与内容的传输，其中就包含"池瓦萨"。乍一看来，似乎血亲社会中的祖先使用同一种亲属关系的原则，卡斯滕（Carsten）把这个原则提炼为"兄弟姊妹关系"，它以相似性和分享共同内容为特点。另外，如果在一种特定的背景中使用"池瓦萨"，我们必须具体地考虑上下文才能理解这一词语的含义。例如，在讨论 ta yai（祖先）仪式时，不会用"池瓦萨"，因为这种情况下，对于仪式的继承没有涉及宗教的差别，而且这样不会使祖先和后代之间的关系复杂化。其实，在具体情况下，"池瓦萨"最典型的用法是在对比宗教差异，比如在"池瓦萨 凯呃科"chwasai khaek 和"池瓦萨 泰"（chwasai thai）里，或是"普特"（phut）。一个穆斯林参与佛教徒的教团也可以用"池瓦萨"来描述。

（五）从属于佛教血统

不难发现这样的包含双重宗教元素的仪式：在一个佛教寺庙里，一个穆斯林立誓成为一个佛教僧侣或者尼姑。穆斯林为什么要这样做？他们就是想从穆斯林皈依到佛教吗？若不是，他们又该如何为这个形式上分明是罪孽的行为找到一个正当的理由？当被提问时，参与者和当地信徒毫不费力地就给出一个共同的答案："他或她所属的是佛教徒的血统"（thuk chwasai phut）。然而，新的问题就产生了。

首先，"属于佛教血统"这个短语本身很奇怪。虽然"池瓦萨"通常指的是自己和自己祖先的关系，但它也暗指自己的所有物。但"从属于"possessed（thuk）这个词的意思是"处在彻底的异己的控制中"。正如马岛（Majima）所理解的："占有是指他人对自己（我）的一种未经解释的感知。或者也可以说成一个比喻，用来指建立在异己基础之上的自我体验。"（Majima，1997）一个是"池瓦萨"，指"对于自己还有别人而言都很熟悉的那个关系"，另一个是"possessed"，则和"一个远离自身的异己"有关。这两个词特殊的并置给我很深的印象，让我进一步思考。我想知道，究竟是什么促使"自我"被引入到一个与自我分离的概念中？

研究了几个穆斯林接受佛教信仰的例子后，答案就显得清楚了。

四　案例：穆斯林转为佛教僧侣或尼姑的立誓仪式

一个穆斯林立下佛教的誓词，是为了遵守承诺，要把佛教徒祖先赐予的恩惠反馈回去。大多数情况下，如果一个不到3岁的孩子生了病，人们通常会归因于祖先，为了让孩子好起来，父母会向这些佛教徒祖先祈祷。他们会许诺，孩子以后会参加一些供神的教团，以此作为回报。如果孩子好了，这些诺言常常会在他们 10 岁左右兑现。

在我 1988 年的一项调查中，有 15 个人就曾受过这种所谓的剃度。他们当中有 13 位女性，她们立下了成为尼姑的誓词，其余 2 位男性以修士的身份开始了神职。现在，他们的年龄在 20—70 岁之间。这个年龄范围证明，在那里，穆斯林立誓信佛的历史至少有 60 年了。和所有初信佛教的人一样，这些穆斯林中的每一个人都经过了相同的仪式程序：他们的头发被剃掉，女孩儿穿白色的袈裟，男孩儿穿黄色的。在我看到的一张照片里，穆斯林女孩儿和佛教徒女孩儿一起被吸纳入教。但也有人告诉我，有的时候，穆斯林会和佛教徒分开，在另外一个特殊的集体中进行仪式。即使是这样，穆斯林也会和别的佛教徒一样，接受相同的仪式进程，也会在佛教寺庙里留一整夜，第二天再回到世俗的家中①。实际上，立誓成为佛教僧侣或尼姑就意味着他们接受了佛教的规程②。

据说，每个穆斯林家庭中只有一个人可以立誓出家，而来自佛教徒的家庭的孩子则不受这样的限制。此外，穆斯林家庭中能够立誓信佛的人必须是头生的孩子。有些穆斯林告诉我，他们让孩子信佛并非是出于做功德的目的；他们的意图是，依据风俗，去回报所受的恩赐。当然，其中有一部分也是出于一些担心，害怕如果许诺没有兑现会遭到祖先的报应。不过，在我记录的 15 个例子当中，只有 4 个人的先辈可以真正追溯到佛教徒。其余的人说，在早先的时候，他们一定有信奉佛教的祖先。事实上，在为什么要延续佛教信仰这一问题上，有 3 个人都给出了一样的理由，因为母亲曾是一个尼姑。这 3 个人说："如果妈妈信佛，她的孩子就必须信。"有

---

① 这个村子里，大多数正式皈依佛教的女性佛教徒会在寺庙里过夜，然后第二天再回到世俗的家里。

② 如果穆斯林像佛教徒一样接受了剃度，那么在回归世俗生活后，他们必然要经历一个"重回穆斯林信仰"的仪式。

些人把血统看成是"被注定的世系"（chwa buat）或是"命定的宗族"（trakun buat）。再者，这里真正想要强调的是这种接受佛教徒规程的前后相继的做法，并不是为了找到一个信佛的祖先才去按宗谱追溯自己的先人。

穆斯林积极地认可佛教，产生这种需求是因为彼此间的通婚和历史上长期的共生。同时，也能把这种仪式的存在看成一个证据，它有力地说明了为什么在这里，相对而言，宗教共存并不是一个难题。这一点我已经指出了（Nishii，1999）。但是，对于这个传统，也有另外一派较为个人的观点：有的穆斯林说，他们用这个传统仪式来驱除占有他们躯体的"池瓦萨"（祖先和后裔的关系）。一个女穆斯林称，穆斯林立誓信佛是一种"消除佛教徒血统"（mot chwa）的行为。另外一个曾是尼姑的妇女说："过去，穆斯林家庭的父母必须让他们的第一个孩子出家。因为那时没有人知道究竟怎样才能彻底断掉他们的佛教徒血统。"他们觉得必须让身上的佛教徒血统和他们分开。

实际上，我所找到的一个最近的例子是在 1976 年由穆斯林转为尼姑的。1987 年，一个 21 岁的女孩儿向我提供信息，说她在 10 岁时成为了一名尼姑，而她 40 岁的母亲在 14 岁时成为了尼姑。自那以后，就再没有人经历过这个仪式。

尽管如此，不少穆斯林仍旧觉得，应该通过一些专门的仪式来让自己和体内的佛教徒血统彻底分离。目前，就穆斯林承兑佛教誓词这一点而论，考虑到血亲社会中池瓦萨（祖先和后裔的关系）的深意，我将探讨一些别的仪式，它们取消了必须对佛教徒祖先兑现誓言的义务。这些仪式切断了和佛教徒血统的关联，但却不必在寺庙里立誓。

（一）不必为加入佛教教团而立誓的仪式

把一个孩子献给佛教是穆斯林的一个习俗上必须履行的义务，为了应对它，穆斯林会举行一个特殊的仪式。作为他们的一个办法，这个仪式取消了必须对佛教徒祖先兑现誓言的义务。1994年，在调研核心村庄的一个临近村庄，我亲自参加了这样的仪式。

这个地区唯一能够主持此仪式的人是李普，他干这个已经有40年。在我参加的这个仪式之前，整个1994年里，截至11月份，他已经主持了5次类似的活动。即使是这样，我所搞调查的村子里却没有一个人从这个仪式中获得帮助，可能因为根本不知道，也可能因为不喜欢；他们维系着一贯的做法：既然祈求时发誓会参加供神的教团，报答恩赐的唯一手段就是兑现这个承诺。

熟悉李普主持的仪式的人说，只有能够实施割礼的人，才有资格完成这个仪式。人们说割礼才是"成为穆斯林"的重要一步。穆斯林的割礼是从少年进入到成年的关键。通过割礼，即使一个毫不理会宗教事务的孩子也能成为一位有能力履行宗教义务的"成年穆斯林"。据说，如果是得到恩赐，一个起誓会做僧侣但还没有兑现誓词的人就会在割礼上流很多血。也就是说，割礼之前，即在成为成人之前，穆斯林必须和佛教徒祖先断绝关系。李普的儿子有40多岁，告诉我："隔断穆斯林和佛教徒这两种血统的联系确实很有必要。如果不进行这个仪式，就很可能产生胃痛、发烧或是其他很不舒服的病症。"

接下来讲述的这个仪式发生在1994年11月14日，它是为名叫盾（Dun）的男孩举办的。这个男孩当时11岁，上小学五年级。盾的妈妈准备了一块白布，9份槟榔坚果和叶子，还有50泰铢（根据2008年11月兑换价合1.5美元）。仪式8点17分开始，8点22分结束，一共只用了5分钟。它由两部分组成。

第一部分，诵读《古兰经》亚辛（Yasin）部分的段落。通常亚辛（Yasin）里的段落是在葬礼前读给逝者或是垂死的人听的。一个穆斯林向我解释，读亚辛（Yasin）的目的就是为那些快要死的人减轻拖延着的痛苦，尽快死去，并且保佑活着的人好好生活。仪式一开始，李普坐在地板上，他前面放着一个盛有水的碗，上面盖着白布，旁边是一个平的盘子，放着槟榔果和叶子，上面放着50泰铢和一支蜡烛。李普把蜡烛点燃，然后读亚辛（Yasin）中的一段，边读边用手指沾碗里的水。这之后，他指示盾（Dun）到井里沐浴。

第二部分，李普端着盖有白布的这碗水来到井边，靠近已经沐浴过的盾，然后他唱了三次："佛陀走吧，达摩走吧，僧伽走吧，带着佛陀之名一起，永远不要再来！"随后，李普把水、布等所有东西朝盾扔过去。

我可以试着翻译一下这个仪式。一开始读亚辛（Yasin）的段落是为了清除这个孩子先前与佛教徒祖先的关联，象征着他作为一个孩童穆斯林的死去。在第二部分，白布象征僧侣，正如李普所说，进入供神教团的女人就穿白色袈裟。但是，盾是一个男孩儿，而男孩儿成为僧侣后会穿黄色袈裟。不妨先把翻译撇到一边，诵读亚辛（Yasin）、哼唱，让水透过白布流出来，该说的说了，该做的做了之后，这个仪式的整个过程就被看做是彻底地断绝了和佛教徒血统的关系。

不像那些在寺庙起过誓的穆斯林，凡是经过这个仪式的人再也不必为了重新成为穆斯林而去参加别的仪式。作为一个穆斯林，他们就不会被认为有任何罪孽了，这一点跟那些曾到佛教寺庙里立誓的人是不一样的。

五　总结

正如我前面提到的，本章中我致力于探究社会记忆和个体体验之间的关系。那么就这一关系问题，各式的穆斯林仪式都向我们传达了怎样的信息呢？

佛教徒祖先被看成是使穆斯林身体失调的原因。这意味着日常生活中最常见的异己被认为是让自己的机能紊乱的根源。当穆斯林一步步接受佛教规程时，其实，是在和自我当中的异己进行交涉。那个假定存在的穆斯林与佛教徒祖先的联系是通过举行一个仪式，并通过一种断绝关系的方式来承认的。（如何联系）我在前文提过，在"他或她所属的是佛教徒的血统（宗族）（thuk chwasai phut）"这个句子里，词语独特的并置对我触动很大，它当中既包含强烈的熟悉又包含久远的生疏。我在解释为什么穆斯林会接受佛教规程时已经说过这一点。"池瓦萨"暗示"对于自己而言很熟悉的那个关系"，而"thuk"（即"possessed"从属于）则指"一个在自己之外的异己"。联系"池瓦萨"出现时的上下文，会发现这个词会最为典型地出现在对比宗教差异的语境中，就像phasa的意思一样。在自我当中，好比"池瓦萨"，由于可能存在对佛教徒祖先的义务，某些激进的异己便侵入，进而破坏了穆斯林的身份内核。换句话说，"社会"甚至会在个体执行仪式的过程中出现，并且由个体独自体验。

一个提供信息的人解释说："如果不剃度，池瓦萨就不会被天然地割断"，而自我对两个宗教的继承都会让池瓦萨在自我体内重新生长。有佛教徒祖先的穆斯林同样有佛教徒的"池瓦萨"；对这些人而言，佛教徒的"池瓦萨"是存在于他们身体中的异己。这一点常在穆斯林感觉身体出问题时得到验证。在这发生之前，如果仅是小孩不舒服，那时穆斯林的"池瓦萨"和佛教徒的"池瓦萨"还是毫无冲突地合为一体的。但是，大的疾病说明了自我当中异己的存在，并且发出了一个信号，暗示这两种池瓦萨之间产生了问题。佛教徒的"池瓦萨"，穆斯林就需要采取某种方法。李普的儿子曾在仪式（即取消对佛教徒祖先兑现誓言的义务的仪式）上说过："隔断穆斯林和佛教徒这两种血统的联系确实很有必要。如果不进行这个断绝关系的仪式，就很可能产生胃痛、发烧或是其他很不舒服的病症。"

穆斯林灭绝了体内的"穆斯林自我",然后通过加入佛教教团,让异己占有自己的身体,这其实是在以一种非常激进的方式应对体内的异己。当用这样的方式面对异己的时候,作为穆斯林的自我也就"死去"了。

在泰国南部穆斯林和佛教徒一起生活的村子里,如果不考虑复杂的通婚因素,更多情况下,是"应对自我中的异己,保持独立的宗教身份",维持着两者的共生。在血亲社会里,居住在同样生存空间中,人通过分享食物来维系彼此间密切的关系,但事实上,宗教间的差异和一些禁忌却阻碍了这种亲密关系的维持。

列维-斯特劳斯(Levi-Strauss)曾指出存在两种关系:一种是"真实的"关系,指人们面对面地交流;另一种是"非真实"的关系,它出现在有很多非直接交流的现代社会(Levi-Strauss,1963)。非直接交流可能与本笃·安德森(Benedict Anderson)提出的"想象中的群落"有一定关联,它超越了面对面的关系。这样一个概念可能包含着想象方式中存在的差异(Oda,2001;Anderson,1983)。

暗示自我当中的异己的祖先仪式在当时应该是属于"真实"关系的层面。能够想象在一个真实存在的关系中用另外一个自我进行直接替换,即穆斯林可以是佛教徒。在沙敦府,完全可以这样想象,而且通过仪式,还能在身体中真切地体验到。

但是,在泰国东海岸,一个同时信奉两种宗教的人又确实会面临生命危险,甚至在那里都很难想象去让一个不相容的异己取代自我。两种身份的社会关系就是长时间的暴力对抗。它在不同群体间和自我的异己中作用于真实的交流。界限就这样被划分得越来越清晰,随之,在紧张的局势下,对穆斯林和佛教徒身份的双重界定也就越来越难以忍受。即便如此,通过面对面的关系,穆斯林和佛教徒之间也可能达成一致,例如一些穆斯林渔民和来自一个佛教非政府组织的成员就能够彼此信赖(Supara,2008)。

本章呈现的是一个地方化的"社会"记忆的案例。泰国东西海岸的居民对人与人关系的记忆存在着差异。从当前再到未来，记忆总是在持续的进程中被人们拾起。列维－斯特劳斯提醒我们，即使在"非真实"关系异常盛行的现代社会，"真实"关系也仍然保留。本章所列举的例子说明，不仅有关国家或意识形态的记忆可以在个体体验中显露，同样，个体记忆也能与地方化的集体记忆相融合。

参考文献

Anderson, Benedict R. , 1983, *Imagined Communities: Reflections on the Origin and Spread of Nationalism*, London; New York: Verso; rev. 1991.

Bloch, Maurice, *Prey into Hunter: The Politics of Religious Experience*, Cambridge: Cambridge University Press, 1992.

Carsten, Janet, "The Politics of Forgetting: Migration, Kinship, and Memory on the Periphery of the Southeast Asian State", *The Journal of the Royal Anthropological Institute* 1 (2): 317 – 335. 1995.

Janet Carsten, *The Heart of the Hearth: The Process of kinship in a Malay Fishing Community*, Oxford: Oxford University Press, 1997.

Janet Carsten, "Borders, boundaries, tradition and state on the Malaysian periphery", in T. M. Wilson and H. Donnan (eds.), *Border identity: Nation and state at international frontiers*, Cambridge: Cambridge University Press, 1998.

Janet Carsten, "Introduction: Cultures of Relatedness", in J. Carsten (ed.), *Cultures of Relatedness: New Approaches to the Study of Kinship*, Cambridge: Cambridge University Press, 2000.

Chavivun Prachuabmoh, "Ethnic Relations Among Thai, Thai Muslim and Chinese in South Thailand: Ethnicity and Interpersonal Interaction", in D. Y. H. Wu (ed.), *Ethnicity and Interpersonal Integration*, Maruzen Asia, 1982.

Fortes, Meyer, "Some Reflections on Ancestor Worship in Africa", in M. Fortes and G. Dieterlen (eds.), *African Systems of Thought: Studies Presented and Discussed at the Third International African Seminar in Salisbury*, December

1960, Oxford: Oxford University Press, 1965.

Haas, Mary R. , *Thai – English Student's Dictionary*, Stanford: Stanford U-
niversity Press, 1964.

Halbwachs, Maurice, *The Collective Memory*, New York: Harper Colophon,
1980.

Kromkan Satsana krasuwang Watanatham (Ministry of Culture, Department of
Religions), 2005 Raigan Phonkandamnoengan Pigopraman 2547.

Levi – Strauss, *Structural Anthropology*, New York: Basic Books, 1963.

Majima Ichiro, "Hyoui to Gakuya (Possession and Dressing Room)", in
Girei to Pafuo – mansu (Ritual and Performance) (in Japanese), Tokyo: Iwana-
mishoten: 107 – 147, 1997.

Matsuyama Osamu, *Thaigo Jiten* (Thai – Japanese Dictionary), Tokyo:
Daigakushorin. Nishii Ryoko, 1994.

Nishii Ryoko, "Ancestors in a Society with 'Genealogical Amnesia': a con-
sideration of an area of Muslim – Buddhist co – residence on the periphery of the
Southeast Asian state", Proceedings of the Symposium Human Flow and Creation of
New Cultures in Southeast Asia, December 3 – 5, 1996: 203 – 220.

Nishii Ryoko, "Coexistence of Religions: Muslim and Buddhist Relationship
on the West Coast of Southern Thailand", *Tai Culture* (1999), 4 (1): 77 – 92.

Nishii Ryoko, "Emergence and Transformation of Peripheral Ethnicity: Sam
Sam on the Thai – Malaysian Border", in A. Turton (ed.), *Civility and Savagery:
Social Identity in Tai States*, Surrey: Curzon Press, 2000.

Oda Makoto, "Ekkyo kara Kyoukai no Sairyodoka he (From crossing bounda-
ry to Re – territorialization of the border)", in Sugishima Takashi (ed.) *Jin-
ruigaku Jissen no sai – koutiku (Reconstruction of Anthropological Practices)* (in
Japanese), Kyoto: Sekaishisosha, 2001.

Supara Janchitfah, *Violence in the Mist: in the Name of Justice*, Bangkok:
Kobfai Publishing Project, 2008.

Strathern, Marilyn, "Parts and Wholes: Refiguring Relationships in a Post –
plural World", in A. Kuper (ed.), *Conceptualizing Society*, London: Rout-

ledge, 1992.

Tambiah, S. J., *Buddhism and the Spirit Cults in North - East Thailand*, Cambridge: Cambridge University Press, 1970.

Tomita Takejiro, *Tainichi Jiten* (Thai - Japanese Dictionary), Tenri: Yotokusha, 1987.

Turton, Andrew, "Matrilineal Descent Groups and Spirit Cults of the Thai - Yuan in Northern Thailand", *Journal of the Siam Society* (1972), 60 (2): 217 - 256.

Winzeler, Robert, *Ethnic Relations in Kelantan*, Singapore: Oxford University Press, 1985.

［本章作者　西井凉子（Nishii Pyoko）］

第 七 章

根与径：印度社会记忆中的
英属印度分裂

谈及 2008 年 11 月在孟买发生的恐怖主义杀戮及其政治环境，印度作家阿兰达蒂·罗伊（Arundhati Roy）写道：

分裂，是这块拥有核武器的次大陆的代名词……这里每个人都有一段故事。这段故事代代相传，充斥着难以想象的痛楚、怨懑和恐慌，但同时也饱含着强烈的渴望。故事中的道道伤疤，那些被撕扯却未断的筋肉和片片碎骨，不仅仅用深深的怨恨和亲切的熟稔把我们收聚在一处，更以真挚的爱让我们紧密相连①。

这段文字生动地体现了印度与巴基斯坦血脉相通的往昔同朝气蓬勃的未来间不可思议的联系。这种紧密的联系既归结于绵延百年的文化纽带，又源自两国间骇人的紧张局势，尤其是至今未决的克什米尔冲突。同根而生的昨日，剑拔弩张的今日，扑朔迷离的明日，都通过种种社会记忆交织在一起。如下文所述，种种社会记忆

---

① 《九非十一》（意即"于十一月而并非九月"），2008 年 12 月 15 日原载于《视野》杂志。参见 http：www. truthout. org/121308 B。

有的公之于众，有的强加于民，有的讳莫如深，还有的压制查禁。
然而，它们确有共同之处：都经建构而成且灵活可变，是整个进程
的有机组成部分，绝非首尾分明的单一事件。

一　共同根基

印度和巴基斯坦两国各自发展其政治、军事、宗教、经济以及
文化事业，至今已 60 余年。从 1947 年开始，两国历史就开始以不
同的方式记叙，从不同的路径构筑，且两者国家间交流的路线与内
容也与以往大相径庭。这主要涉及宗教问题，与此同时，印度的政
教分离论及民主多元化思想、巴基斯坦的政教统一论及军事统治的
信条也使两国分道扬镳。

1947 年之前，印度、巴基斯坦和孟加拉国是统一的文化政治
单元。因此，有些影响即便在今天仍然清晰可见。尽管印度、巴基
斯坦、孟加拉国三国间存在诸多政治、社会、经济及其他方面的分
异，但悠久且丰富多彩的共同历史仍使这些国家延续着他们的文化
社团性（cultural communalities）。不论是建筑风格、饮食口味、着
装习惯，抑或是视觉或其他美学偏好，北印度式、巴基斯坦式、印
度西孟加拉式和孟加拉式都如出一辙。例如，北印度居民和巴基斯
坦人都能歌善舞：卡塔克舞、邦格拉乐、诗歌朗诵、动人灵乐
（卡瓦力音乐）等均为其所好；而板球、卡巴迪、曲棍球、制风筝
以及放风筝等户外运动也都为这些地区的居民所喜爱。

如果巴基斯坦前总统佩尔韦兹·穆沙拉夫（Pervez Musharraf）
将军与印度总理曼莫汉·辛格（Manmohan Singh）举行会晤，至少
有两个共同点可以从两者身上找出：两人都酷爱板球运动；分别出
生于对方所代表的国家——穆沙拉夫出生于印度境内，而曼莫汉·
辛格则于今巴基斯坦境内出生。

英属印度最早分裂为两个国家——印度与巴基斯坦。1971 年，东巴基斯坦取得独立，成为今天的孟加拉国。造成分裂的主因是外部政治高压与南亚政治家们的内部认可。由于认定穆斯林教徒与印度教徒间积怨至深，英属印度最后一任总督蒙巴顿勋爵（Lord Mountbatten）于 1947 年仓促决定，依据宗教信仰不同分离南亚人民。当时，穆斯林联盟领袖穆罕默德·阿里·真纳（Muhammad Ali Jinnah）及印度国民大会党（简称国大党）主席加瓦哈拉尔·尼赫鲁（Jawaharlal Nehru）并未反对这突如其来、欠缺考虑的分裂计划。他们各自心怀鬼胎，对英国殖民统治者言听计从。两人特权阶级的社会背景及其所接受的西方教育也使两者基本赞同英国对宗教的观点。此外，英属印度的分裂对两位政治家来说都是圆梦的先决条件：真纳渴求统治分离出来的国家，而尼赫鲁则认为这是梦寐以求地摆脱英国殖民统治的机会，能够实现印度独立。

综上所述，自印巴分立伊始，宗教作为以往南亚地区生活并不重要的一个方面，却扮演了重要的政治角色。原因之一就在于西方的宗教观念在印度并不那样强烈。例如，印度教神灵及对其表达虔诚方式的多样性并未在印度教徒和伊斯兰教信徒间划下楚河汉界。如彼得·戈特沙尔克（Peter Gottschalk）所说，甚至在现在的日常生活中，许多印度村庄中的穆斯林信徒与印度教信徒的生活方式都无甚差异，村民虽持有不同信仰，却庆祝许多相同的节日，并保有共同的风俗习惯。由此可见，语言、经济、教育、地理及其他因素常常比宗教对人身份认同的塑造影响更为显著。

二 分裂之深影

保守估计，约有 50 万—100 万印度教徒与穆斯林信众在分裂造成的动荡及其余殃中丧生，约 1200 万人背井离乡，逾 7 万名妇

女惨遭奸辱。迄今为止，印巴分裂引发凡三场战争（分别于
1947—1948 年、1965 年以及 1971 年），每场战争双方均伤亡惨重。
时至今日，尽管印巴分裂已逾六旬，喜马拉雅山附近的克什米尔地
区仍存争议，极有可能成为两国间再次交战的导火索。决定巴基斯
坦几大省份水源供给的重要共同协定的签署一再推迟。大规模杀伤
性武器的研制已为两国公开宣扬，以向对方显示其核武器库建设的
成果，双方均拒绝签署防止核武器扩散条约。

　　南亚的案例能够证明，国家的历史记录是一种建构。印度、巴
基斯坦、孟加拉国三国的历史记录都为赋予统治者合法性而建构，
也都被构筑成为服务政治的工具。随着时间的推移，三个国家对于
其共同往昔的阐释已然大相径庭。为了使各自重新创造的国民认同
合法化，印度的官方历史记录与公众言论试图淡写轻描绵延几世纪
的穆斯林统治历史及其重要的文化影响。相反，巴基斯坦和孟加拉
国则宣称他们的文化发展历程是以公元 800 年第一批穆斯林侵略者
的到来为发端，而穆斯林统治之前的印度文化在他们的历史记录中
则被模糊处理了。

　　对印度历史中长达百年之久的穆斯林统治及其于印度文化建构
中的地位的否定、对当代印度中穆斯林存在的轻描淡写——这两种
尝试在印度城市阿约提亚均登峰造极。印度教信徒称，公元 1528
年阿约提亚（Ayodhya）的巴布里清真寺建于印度教重要圣地
Rama – Janmabhoomi 庙原址之上，因此，一些好战的印度教信徒在
1992 年摧毁了巴布里清真寺并重新"夺回"庙宇，此后印度教教
徒频繁至此朝圣。从此之后，"阿约提亚"这个名字已经成了分裂
后印度教信徒与穆斯林之间紧张局势的代名词。

　　2001 年，古吉拉特邦发生强烈地震。这里主要为印度教信徒
聚居区。事实上，地震使当地的印度教信徒几乎绝迹。在这人们的
神经敏感之至、一触即发的特殊时刻，一列载有印度教朝圣者的火
车在自阿约提亚返程途中发生火灾，导致 58 名印度教徒丧生。古

吉拉特邦首席部长、激进的印度教原教旨主义者纳伦德拉·达摩达拉得斯·莫迪（Narendra Damodardas Modi）在未进行任何调查的情况下宣布，此次事故是穆斯林针对印度教信徒的恐怖袭击。之后，大量的洗劫、强奸以及谋杀活动接踵而至。据官方估计，已有790名穆斯林及254位印度教信徒被杀害，223人被报失踪，2500人受伤，逾15万人流落他乡。居住在古吉拉特邦首府亚美达巴德的穆斯林教徒被迫生活于带刺铁丝网内的贫民区，并接受宵禁。

发生于印度的暴行，如2008年11月孟买大屠杀、2001年新德里国会遭炸弹袭击等，不分青红皂白，一律归罪于巴基斯坦的影响。分裂恶果中那些未曾解决的冲突很明显仍然能够给生活在印度的印度教教徒及穆斯林造成创伤。

在印度试图统一公众对于印度分裂的社会记忆而举行的众多声势浩大的阐释性活动中，课本的编写可以说极为突出。这些课本在1998—2004年间由奉行印度教原教旨主义的印度人民党主持编写。经过改写，穆斯林历史人物大遭贬损；课本中关于印度分裂的内容时常充斥着一隅之见、刻板印象以及不实夸大。这些做法对于印度的年轻一代而言，并未给印度与其穆斯林邻邦之间的休战及正常关系打下良好基础。

早期的宝莱坞电影中，形成印度教集体认同以及印巴两国意识形态分隔的尝试在影片中穆斯林角色的刻画上彰明昭著。印度教元素、形象偏见以及不同的宗教仪式的影响也可见一斑：穆斯林妇女常常被刻画为放荡女子，而穆斯林男信徒则被塑造成野蛮暴戾的角色。倘若这些电影的画外之音并非消极否定，则其充其量也只是民俗学的讽刺画罢了。

种种迹象表明，分裂的深影并不会稍纵即逝。在卡拉奇出生的印度教右翼政治家拉尔·克里希纳·阿德瓦尼（Lal Krishna Advani）在2009年春极有希望当选总理。倘若如此，居住在印度境内的巴基斯坦人则要为他们的居所担心了，因为阿德瓦尼公开申明，"我希望并且强烈要求看到印度与巴基斯坦在未来几年能够以同盟形式进行合作，这样的要求并非不合时宜"①。实际上，如果他所代表的党——印度人民党——再次执政，印度超过 1.5 亿的穆斯林——极有可能是世界上第二大（仅次于印度尼西亚）的穆斯林人口，占大约印度总人口的 14% ——将面临着被告知"滚回老家"（如巴基斯坦）的悲惨命运。

　　穆罕默德·萨伊德（Muhammed Saeed）是现今极为活跃的激进派恐怖主义组织"虔诚军"的奠基人，也是印度政府最想逮捕的恐怖主义头目之一。据报道，他的故乡为西姆拉（位于今印度境内），但印巴分裂使其举家自西姆拉迁往拉合尔，途中，他的 36 位亲属丧生②。这当然不能作为该组织施暴的借口，但却为其仇恨印度教教徒及其暴行提供了背景。正因为如此，作家维克拉姆·钱德拉（Vikram Chandra）在一次访谈中曾说道："一个人要成为恐怖主义者，需要一段令人信服的历史，这段历史充斥着无尽的伤痛、被忽略的愤懑和攫取了的土地。它必是对于值得奋斗的完美世界的描述……"③

　　总而言之，正如同那些附着在真实事件上的痛楚创伤一般，有关分裂的记忆在社会记忆中已根深蒂固且一再上演。印度分裂引起的痛苦记忆仍然"纠缠"着人们，并促使人们创造新的身份认同（new creations of identity）。南亚未来的政治家们究竟能在何种程度上控制媒体及教科书仍有待观察。倘若印度教原教旨主义者（India Hindu fundamentalists）在印度的下次选举中获胜，或者巴基斯坦政府再也不能控制境内的恐怖主义者，那么由种种危机诱发、多样化的社会记忆将被指定的社会记忆桎梏。言及于此，乌瓦什·布

---

　　①　参见 http：//www. financialexpress. com/news/advanis – vision/35780/。

　　②　据印度全国性报纸《印度教信徒报》2008 年 12 月 9 日第五版文章。

　　③　《视野》2008 年 12 月 9 日刊；参见 http：//www. outlookindia. com/author. asp? name = Vikram + Chandra。

塔利亚（Urvashi Butalia）在她的《寂静背后》（*The Other Side of Silence*）的前言部分中引用了一位乡人的话："你觉得这些个磁带（记录了关于分裂体验的叙述）对下一届领导能起作用吗？"①

三　印度关于分裂的林林总总的社会记忆

社会记忆基本上都是想象，它们被建构起来，从而具有某种政治、社会或心理功能。在公共领域，社会记忆的激发会使统治者结构合法化或者非法化，抑或区分一种集体身份于其他。因此，少数民族、附属群体或者边缘个体可能会不在主流的国家社会记忆之中。由于社会记忆的门类并非只有一个，而是纷繁复杂，所以这部分的副标题也有意识地用了复数形式②。

（一）公众言论

在过去的 60 年间，关于分裂所引发的政治错位及社会动乱的亲身经历都被记录下来，而且在印度显示出范围广、数量多、内容丰富的趋势。大部分进行叙述的印度分裂的受害者及见证人讲旁遮普语、乌尔都语、印度语和孟加拉语，少部分人讲其他语言。一些叙述专注于大屠杀，其他一些则着力于分裂之余殃。在新闻、社会研究、文学、电影以及其他视觉艺术领域，以英语对分裂进行的创造性表达包括：印度知名记者之一库什万·辛（Kushwant Singh）于 1956 年写了历史记录杰作《通往巴基斯坦的列车》（*Train to Pakistan*）。自那时起，许多印度记者纷纷出版或长或短、有关分裂主题的作品③。

---

① Butalia, Urvashi, *The Other Side of Silence: Voices from the Partition of India*, Penguin, 1998, Preface.

② 原文使用 memories，是 memory 的复数形式。

③ 库什万·辛：《通往巴基斯坦的列车》，1956 年版。

在关注印度分裂主题的最著名的获奖小说中，以英语写就的有：沙尔曼·拉什迪（Salman Rushdie）的布克奖获奖作品《午夜的孩子》（*Midnight's Children*）；裘帕·拉希利（Jhumpa Lahiri）的普利策小说获奖作品《医生的翻译员》（*Interpreter of Maladies*）；维克拉姆·赛斯（Vikram Seth）的鸿篇巨著《金童》（*A Suitable Boy*）则是另一部著名后分裂题材的文学作品；可汗那（Balraj Khanna）的《愚人国》（*Nation of Fools*）则是一部关于分裂后旁遮普的幽默故事。

在许多广受欢迎的宝莱坞电影中，印度与巴基斯坦分裂的种种侧面也被刻画得淋漓尽致。电影巨片《爱无国界》（*Gadar and Veer – Zaara*）是巨大的商业奇迹。比较著名的电影还有迪帕·梅赫塔（Deepa Mehta）导演的《地球》（*Earth*），该片以巴普西·西多瓦（Bapsi Sidwa）的小说《冰·糖果·男人》（*Ice Candy Man*）（出版时书名改为《分裂印度》）为蓝本，并以拉合尔动乱为背景①。印度电影节也以展映将分裂题材浓缩至家庭故事当中的电影为特点。最近，描述分裂主题的电影还包括：沙拉·辛格（Sara Singh）2007 年力作《低处的天空》（*The Sky Below*）、阿贾伊·巴德瓦杰（Ajay Bhardwaj）2007 年热片《别了，邻居们》（*Thus Departed our Neigbours*）、优素福·赛义德（Yousuf Saeed）2006 年作品《幻想之镜》（*Yousuf Saeed*）以及阿玛·康瓦（Amar Kanwar）1998 年作品《在外面的一季》（*A Season Outside*）。

20 世纪 80 年代，新德里发展中社会研究中心（the Centre for the Study of Developing Societies in New Delhi）主任阿希斯·南迪（Ashis Nandy）创办了一个大规模的社会记忆科研单位，用以研究印度分裂。它广泛地出版了一系列研究成果②。

---

① 宝莱坞关于印度分裂之感想。

② 引阿希斯·南迪语。

由于印度分裂最后一些见证人已经垂老，相关的口述记录及描述也危在旦夕，在新德里建造一座以印度分裂难民为主题的博物馆的想法正在讨论之中。这一动议与第二次世界大战后一些德国人的想法不谋而合。第二次世界大战结束后，在苏联及波兰占领地区，约有1500万德国人逃亡。尽管许多德国人认为建造这样一座博物馆是对难民必要的纪念，也是德国进行反省、治愈创伤的重要组成部分，但长久以来，大多数波兰公民则担心这样一座博物馆会将波兰人刻画为第二次世界大战之后折磨德国人的反面角色。英属印度与德国的情形不同。德国公众对国家在第二次世界大战后的分裂及其恶果感到悲伤，这在政治上讲是不正确的，因为虽然在这个意义上为受害者，但却又是第二次世界大战的犯罪元凶。尽管许多印度人和巴基斯坦人曾经谋杀异族，强奸妇女，打家劫舍，但施暴者却有理由将其暴行所受的谴责抛给受害者，或者抛给英国殖民者在离开时的草率行为。

难民博物馆的建造引发了新的关于社会记忆的公共讨论。随着德国及南亚深层次的口述历史研究机会逐渐减少，个人的无形记忆转化为有形留存，是时候思考将这些事件公之于众了。应如何对待记忆的问题将在讨论难民博物馆陈列何物之时首先凸显。真纳的角色、巴基斯坦独立后的政治形势以及穆斯林信众将在新德里的博物馆中同时刻画，从而展示印度分裂中的众生万象，以创造出一致的公众社会记忆，这真是别有一番情趣。

（二）个人领域关于分裂的林林总总的记忆

印度社会记忆中的大部分表达仅对印度分裂泛泛而谈，并不具体。这种由制度塑造并延续持久的文化记忆意欲开辟一种连贯的主导叙事形式便是一例。记忆存活于目击者的脑海中，因此个人记忆则包含着差异、排斥、否定，抑或是——从心理分析学角度说——抑制因素塑造的形态。布塔利亚写道，其作品的核心包含着对于印度分裂的叙述，而与"静寂与喧嚣、记忆与淡忘、伤痛与治愈"① 是截然不同的，并且很多印度分裂的受害者根本没有说出他们的记忆。多亏了像布塔利亚、丽图·梅农（Ritu Menon）、卡姆拉·哈辛（Kamla Bhasin）以及其他研究印度分裂的女性印度调查者，英属印度分裂的边缘化及性别分化的尘封记忆才能被探寻出来，并且能成为文档供人阅读。她们对口述历史的调查工作使许多事物重获新生，其中包括贱民的苦痛经历、被缄口或自愿保持沉默的妇女，以及那些"既被当做妓女（当她们从属于敌对团体时）又被视为国家荣誉象征（当她们从属于我方团体）的妇女。"在那时，"残害妇女并非暴力行径，仅仅是拯救团体的荣誉罢了"②。

四 "径"：印度与巴基斯坦跨国交流的恢复重建

布塔利亚在其作品《寂寞背后》的结尾讲述了一名巴基斯坦穆斯林与印度的一名印度教信徒互通信件的感人故事。由于穆斯林的入侵占领，这位印度教教徒逃离了他在拉合尔的家，逃离时他落下了一份手稿，所以这位印度教信徒便写信给"那位新房客"，而这位穆斯林同样回信给他。这些信件包含如下文句：

我作为一个"人类"给您写信……首先，我们都是"人类"；其次，我们才分别是印度教教徒和穆斯林。我坚信您会以我们共有的人类契约之名回复这封信件来帮我达成心愿……我反反复复浏览着您的信件并深刻体会到这是来自一位挚友的手迹……每当忆起印度教教徒和穆斯林对其同胞手足的所作所为，我就不寒而栗。③

---

① Urvashi Butalia, "*The Other Side of Silence*", p. 282.
② 同上书，第 284 页。
③ 同上书，第 291—293 页。

　　自英属印度分裂出的两个国家正逐渐恢复重建原先连接彼此的网络，虽然过程缓慢，但却清晰可见。印度、巴基斯坦、孟加拉国三国间新的跨国交流形式也正开始形成。

　　虽然印巴两国恐怖主义袭击与战争威胁一再发生，但两国仍在不断地尝试和解。没有先进的跨国交流方式，和解只能是无稽之谈。尽管各自独立（即分裂）后的第一个十年内，两国间的电话通讯不便，开支巨大且甚费时间，但现在，移动电话则使两国间直接通话变得轻而易举。

　　无独有偶，直接通信上的改善在通航方面也清晰可见。现在，每周约有 12 班次的飞机沟通孟买、卡拉奇、德里及拉合尔。然而，两国首府间并没有直达班机，这表明现在的跨国交流仅仅是建立在城市间的历史纽带或者经济利益之上，并非政治和解之果。

　　印巴两国间以往的通路在过去十年间业已修复，几条巴士线正在使用这些道路。2008 年 10 月克什米尔一条历史上的贸易通路重新开通，并以 13 辆印度货车的启程作为开幕式，这些货车装饰着旌旗，上面写道："双边贸易万岁！"（Long live trade across the two sides）（原文如此！并非"两国"！）水果、蜂蜜以及香料从克什米尔地区经此到达巴基斯坦，而矿盐和葡萄干则从巴基斯坦运抵印度。

　　原有火车线路也正缓慢修复中：自 2004 年起，一列客车重新往返于德里及拉合尔之间。由于以往的炸弹袭击，这些火车总是戒备森严。当火车自巴基斯坦归来，驶回新德里火车站时，佩有机枪的警官严阵以待，守护车厢，乘客必须通过电子检查关卡，其所有行李物品均需进行仔细翻查，在车厢内，巡警则检查可疑物件及乘客。当前，两列货运列车往返于巴基斯坦与印度之间，主要从巴基斯坦运输水泥，以向建设进行得如火如荼的印度输送急需的建筑物料。

　　由于能够申请去印度的旅行签证，年轻的巴基斯坦夫妇现在不仅可以梦想，而且还能亲身感受世界上最宏伟的爱情纪念碑——气势恢宏、巧夺天工的泰姬陵。泰姬陵位于德里南部，1648 年在穆斯林统治者沙·贾汗（Shah Jahan）的统治下完工。而印度人现在则可以重访"故国"，即位于巴基斯坦境内、众口相传的印度人先祖居住的地方。由于以往的旅行限制，印度人只能闻其名而无以至。印巴两国之间现在还有板球旅行，来访者包括邻国的达官贵人，这也为两国跨国交流铺平了道路。

印度在软件开发方面的廉价人力资源将要在不久以后枯竭。对此，2005 年塔塔财团的一个子公司启动了一项大规模外包项目。塔塔咨询服务有限公司和总部位于巴基斯坦的技术逻辑（即Techlogix）有限公司将通力合作，向拉合尔市的软件工程技术人员提供相关课程。此举意在开拓以巴基斯坦为总部的软件开发单位。

由于经济因素，宝莱坞电影制片人认为，继续存有对少数民族和穆斯林国家的仇恨和偏见是不正常的。因为，数以亿计潜在的穆斯林观影者（在印度，有 1.5 亿穆斯林民众，在巴基斯坦、孟加拉国和世界其他地区，也分别有基本相同数量的穆斯林信众）能给宝莱坞电影带来票房奇迹，制片人近来已经留意影片中对于穆斯林角色的刻画，避免伤及潜在的穆斯林观影者的感受。

尽管宝莱坞电影中仍充斥着陈词滥调和迂腐模式，但这些变化确实促进了印巴两国电影界制片人的和解。让数以亿计的巴基斯坦民众高兴的是，1965 年开始实行的印度电影禁播令在 2008 年已经部分废止。即便如此，每年也只有 12 部印度电影能够在巴基斯坦上映。值得关注的是，这些电影仅仅能够在除印度外的一个国家内拍摄，并且冒犯宗教保守派的镜头——例如穿着纱丽舞蹈的妇女——均需删剪。宝莱坞每年大约拍摄 1000 部电影，与此同时，印度 DVD 片的非法下载量并没有明显下降。但演唱印度电影中的歌曲或者模仿宝莱坞电影中的舞蹈在巴基斯坦也不再是尴尬之举了。电影《贫民窟的百万富翁》（*Slumdog Millionaire*）中的歌曲

"宰何"（Jai Ho）由阿拉·拉克哈·拉赫曼（Allah Rakha Rah-man）编曲，在 2008 年获得奥斯卡最佳原创音乐奖。这首歌不仅仅是世俗印度国大党的选举歌曲，并且它也是巴基斯坦与孟加拉国街头巷尾、村落市集中常常播放的歌曲。

五　跨国交流产生的社会记忆转型

印巴跨国交流形式并不仅仅限于 DVD 碟片、水泥、矿盐、水果、蜂蜜、香料的贸易，也不限于参观世界闻名的建筑奇迹，更不限于参观丧失已久的先祖居地。最有趣的变化是——比英属印度分裂后两国逐渐恢复的原来的联系网络更为有趣——印度、巴基斯坦、孟加拉国三国间蓄势待发的全新跨国联盟与跨国交流新形式。

近年来，南亚商业界的团体在印巴关系变化中一马当先。通常，他们的商务会议都安排在对于两国心理上来说距离适中的位置，比如迪拜。印巴商界领袖于 2003 年首次聚首组成新联盟——印巴首席执行官论坛（the India – Pakistan CEO's Forum），论坛会议于两国之中择一举行。

两国商业部代表携手合作，共同形成联合防御体系以防止印度巴斯马蒂香米的专利权判决给总部在美国的稻米科技公司。印度巴斯马蒂香米在喜马拉雅山脉丘陵地带，长势最旺，是印巴两国的共同遗产，通过两国的合作，一场现代反霸权斗争最终取得了胜利。

印巴两国现在正在协商建设长 2600 千米的伊朗—巴基斯坦—印度（IPI）天然气补给线，从而将伊朗的天然气资源经由巴基斯坦运抵印度。尽管印度已经对可能的供给中断表达担忧，但是因为印度急需各种能源，这一工程也必然取得进展。由于伊朗拒绝结束其浓缩油提取，美国企图孤立伊朗于世界商业界之外，这条供给线对美国孤立伊朗的政策构成了直接挑战。印巴两国与伊朗再次形成同盟阵势，这恰恰戳了美国外交政策的软肋。

作为非政府组织及其他文明社会采取的行动的一部分，越来越多的人穿越印巴国界讨论合作事宜，因而产生出反霸权主义的协同作用。例如，布塔利亚启动了"分裂：深影犹存"（Partition：The Long Shadow）计划，包括印度、巴基斯坦、孟加拉国之间一系列对话、演讲以及阅读活动，纪念自1947年以来印度分裂60周年[1]。印巴两国的剧作家、历史学家、心理学家、视觉艺术家、作家和其他艺术家齐聚一堂，共同"探讨印度次大陆分裂所带来的多元化、无定位的各种维度"，并试图在三者文化间搭建桥梁。各种交流以及印巴籍海外学者的通力合作使南亚的共同历史逐渐被挖掘出来，印度、巴基斯坦、孟加拉国三国的共同利益业已显现。

正因这些话语的存在，以种族同质性为基础的民族概念作为一个欧洲概念被解构了。这种概念基本形成于18世纪的欧洲，其本身是过时的。印度主要的智者之一阿希斯·南迪（Ashis Nandy），在他的文章《伟大的印巴之战》（The Fantastic India – Pakistan Battle）结论部分写道，希望南亚的年轻一代能够明眼看清社会的组织原则，并"再次发现南亚社会并不是将各个国家编织在一起，而是将多元文化及多元文化认同的互相交织。他们也会发现……现阶段仇恨自我与尝试活在其他文化的历史中的状态终将结束。"[2]南迪所说的"尝试活在其他文化的历史中的状态"意指他和其他后殖民文化批评家一直责难的步殖民者后尘。

---

① Urvashi Butalia, "*Partition：The Long Shadow*".

② "The Fantastic India – Pakistan Battle", in Lal Vinay, 选自 *Dissenting Knowledges, Open Futures：The Multiple Selves and Strange Destinations of Ashis Nandy*, Delhi, Oxford University Press, 2000。

六　英属印度的分裂与网络空间

数字时代带来的科技进步给跨国交流提供了低成本，甚至是零成本的新方式（如聊天室、即时通信、网络电话、移动电话等）。随着时空阻碍的减小，构建人们之间交流的桥梁也简单了许多。当前，跨国交流可以是人与人的直接交流，也可以是间接的交流，例如，写信或通电话、视频聊天或者发送电子邮件。实际上，由于社会记忆的"维基化"（wikipediazation）和"谷歌化"（google - ization），印巴当地居民很有可能成为世界居民，其社会记忆也可与他人共享。

丹尼尔·利维（Daniel Levy）与纳坦·兹奈德（Natan Sznaider）共同提出"世界记忆"这一概念，这个概念超出了国家记忆文化束缚，为记忆图景的共享搭建了舞台。然而，面对面交流描述的记忆是集体建构的，即便不是从国家层面，而是从社会层面来讲也会有一定的国界差别。在跨国界聊天室中，弹出的记忆则是去地区化的，一定程度上匿名发表且无国界限制，国家背景并不明显，因此，这种跨国交流可以纠正社会记忆的建构。但是，这种去国界化交流——在印巴两国间也有发生——也有可能是扭曲狭隘的社会记忆东拼西凑的结果，因而世界主义记忆图景也备受公众争议。

这种"世界记忆"最终将在网络空间中何去何从仍有待观察。一方面，互联网提供了空前丰富的观念、作品、意见以及去除社会记忆阻抑、扭曲与夸大的潜在可能；另一方面，人们也能够只访问肯定并巩固其已存之偏见的聊天室或网络论坛，使其一如既往的刚正不阿抑或狭隘偏执。

尽管印度、巴基斯坦、孟加拉国三国之间各种新型联盟如雨后春笋般应运而生，技术条件也允许其开发共同的记忆空间，但三国是否能够运用新兴科技开发出这种空间仍有待观察。旅居海外第三国（如英国、美国）的印巴孟人士在何种程度上——从他们漂泊流散的处境上看——能对印度分裂及其影响高瞻远瞩还是仍不甚清晰。

　　印度、巴基斯坦、孟加拉国三国是否能够最终建立起共同的社会记忆，如跨国记忆或世界记忆，不仅仅是一个开放问题，更是一个关键问题。考虑到南亚局势，尤其是克什米尔地区冲突，仍对次大陆的安全构成威胁，并可能殃及世界其他国家和地区，这个问题答案的重要性再强调也不为过。

参考文献

Brass, Paul, "The Partition of India and Retributive Genocide in the Punjab, 1946 – 1947, Means, Methods, and Purposes", *Journal of Genocide Research*, 2003, 5, 1, 71 – 101.

Butalia, Urvashi, *The Other Side of Silence: Voices from the Partition of India*, Durham, Duke University Press, 2000.

Collins, Larry and Lapierre, Dominique, *Freedom at Midnight*, New York, NY : GRP Records, 1987.

Cowasjee, Saros and K. S. Duggal, *Orphans of the Storm – Stories on the Partition of India*, New Delhi, UBSPD, 1995.

Gottschalk, Peter, *Beyond Hindu and Muslim: Multiple Identity in Narratives from Village India*, New York, Oxford University Press, 2000.

Greenberg, Jonathan Daniel, "Generations of Memory: Remembering Partition in India/Pakistan and Israel/Palestine", *Comparative Studies of South Asia, Africa and the Middle East*, 25.1, 2005, 89 – 110.

Hasan, Mushirul (ed.), *Inventing Boundaries. Gender Politics and the Partition of India*, Delhi, Oxford University Press, 2000.

Hasan, Mushirul, *Islam, Communities and the Nation: Muslim Identities in South Asia and Beyond*, New Delhi, Manohar, 1998.

Hasan, Mushirul, *Legacy of a Divided Nation: India's Muslims Since Independence*, London, Hurst & Company, 1997.

Hasan, Mushirul, "The Partition Debate", in *Making Sense of History: Society, Culture and Politics*, New Delhi, Manohar, 2003, 234 – 241.

Kaul, S. , *The Partitions of Memory, The Afterlife of the Division of India*, New Delhi, Permanent Black, 2001.

Kaviraj, Sudipta, "Religion and Identity in India", *Ethnic and Racial Studies*, 20, 2, April 1997, 325 – 344.

Khan Yasmin, *The Great Partition: The Making of India and Pakistan*, New Haven, Conn. , Yale Univ. Press, 2007.

Khanna Balraj, *Nation of Fools: Or Scenes from India Life*, India Research Press, 2004.

Krishna, Sankaran, Methodological Worlds: Partition, Secularism, and Communalism in India, *Alternatives* 27, 2 (2002): 217 – 242.

Lahiri, Jhumpa, *Interpreter of Maladies*, Mairner Books, 1999.

Lapierre, Dominique and Larry Collins, *Freedom at Midnight*, Vikas Publishing, 2001.

Mahajan, Sucheta, *Independence and Partition: the Erosion of Colonial Power in India*, New Delhi, Sage, 2000.

Manto, Saadat Hassan, *Mottled Dawn: Fifty Sketches and Stories of Partition*, Penguin Books, India, 2004.

Metcalf, Barbara, "Too Little and Too Much: Reflections on Muslims in the History of India", in *Islamic Contestations: Essays on Muslims in India and Pakistan*, Delhi, Oxford University Press, 2004, 193 – 216.

Menon, Ritu and Kamla Bhasin, *Borders and Boundaries: Women in India's Partition*, New Brunswick, NJ: Rutgers Univ. Press 1998.

Nandy, Ashis, "The Fantastic India – Pakistan Battle: On the Future of the Past in India", in Vinay Lal (ed.), *Dissenting Knowledges, Open Futures: The Multiple Selves and Strange Destinations of Ashis Nandy*, New Delhi, Oxford University Press, 2000, 186 – 200.

Pandey, Gyanendra, *Remembering Partition*：*Violence*, *Nationalism and History in India*, Cambridge, Cambridge University Press, 2001.

Pandey, Gyanendra, Can a Muslim be an Indian? *Comparative Studies in Society and History*, 41（4）, 1999, 608 – 629.

Pandey, Gyanendra, "In Defense of the Fragment：Writing about Hindu – Muslim Riots in India Today", *Representations* 37（Winter, 1992）：27 – 55.

Salman Rushdie, *Midnight's Children*, Random House Trade, 2006.

Shani, Ornit, *Caste and Hindu Nationalism*：*The Violence in Gujarat*, Cambridge, Cambridge University Press, 2007.

Sarila, Singh Narendra, *The Shadow of the Great Game*：*the Untold Story of India's Partition*, London, Carroll & Graf, 2006.

Vikram Seth, *A Suitable Boy*, Harper Perennial Modern Classics, 2005.

Sutherland, Jabez T., "Hindu – Muslim Antagonism：A British Creation", in Wallbank, T. W.（ed.）, *The Partition of India*：*Causes and Responsibilities*, Boston, D. C. Heath and Company, 1966.

Tan, Tai Yong and Gyanesh Kudaisya（eds.）, *The Aftermath of Partition in South Asia*, London, Routledge, 2000.

Veer, Peter van der, *Religious Nationalism*：*Hindus and Muslims in India*, Berkeley, University of California Press, 1994.

Wolpert, Stanley, *Shameful Flight*：*The Last Years of the British Empire in India*, Oxford, Oxford University Press, 2007.

Talbot, Ian and Gurharpal Singh（ed.）, *Region and Partition*：*Bengal, Punjab and the Partition of the Subcontinent*, Oxford University Press, 1999.

［本章作者 克里斯蒂安·哈特奈克（Christiane Hartnack）］

第 八 章
构筑全球记忆

晓其脉络，方可洞明先人往昔之所为。

——保罗·康纳顿（2007）

在全球化俨然已为大众普遍接受的同时，由于拉近了各个民族、团体和国家间的距离，不同地域间多样的历史记录的趋同现象也正在形成。联合国教科文组织 1992 年启动了"世界记忆"（简写为 MOW）项目，旨在通过存储、保管文献资料的方式对其加以保护、弘扬。迄今为止，该项目已认可了许多单一文件及成套文献，这对构筑普遍的世界"记忆"具有重大意义。如今，来自 60个国家的 158 份文献资料均已列入该项目"国际注册"（International Register）表单。既然这些文献资料来自各个"世界记忆项目国家委员会"，那么，是否可以将这个过程理解为国际社会正致力于构筑全球记忆？一种集体记忆能够以这种方式，或者应该以这种方式汇总吗？虑及民族经验的差异，这是否会成为注定失败之举？抑或此举实际上是运用历史构筑"想象"的全球社区的范例？

本章试图对世界通过国际合作构筑共同记忆的可能性加以探究。在此过程中，也有所涉及"世界记忆"项目以外衍生的话题，例如，坚持记忆无法脱离有形载体而存在的科学智识语境，国家附加于其记忆中、文明进程上的价值观以及根据现存历史判断和国际理想来呈现历史结论与记忆顺序的方式。最终，恢弘的世界历史建构将积少成多，蔚然而兴，抑或是全球社区崛起，人类的灿烂文明，民族的丰富记忆，往昔的重大事件，独特民族个性及种种联合国之理想将于其中为人类所共享。

一　引言

雅克·勒戈夫（Jacques Le Goff）早在20世纪70年代末期就已意识到社会学与人类学促进了集体记忆的探索：

此番集体记忆的追求、拯救及颂扬，经历时间的淘洗已非孤立无援了，这种渴求促使历史视野发生巨变，其已不仅在文字中体现，在人类的日常交流、形象姿势、仪式节日中更为彰明昭著。这种追求蕴涵着人们惧怕患上集体"健忘症"而丧失共有记忆的心情——早期时尚品位中晦涩流露、思乡商旅无情剥削的恐惧之情；由此可见，记忆俨然已成为消费社会的畅销货了（勒戈夫，1992）。

针对"集体失忆"，尤其是本身就可称为记忆的有形"文献遗产"（documentary heritage）的消失，联合国教科文组织已肩负起追求、拯救、颂扬全球集体记忆的使命。但其方法在很大程度上是基于科学历史学家的方法，实际上，挽救成功的仅仅是公认的、某些集体记忆的实物载体。这些记忆事项理应清晰可见，只有这样，人们才会视其为自身的集体记忆，也就是说，去"共享"它们。每一个群体，尤其是因为无书写文字而缺失历史的群体，现在则有机会借"世界记忆"项目之手，阐释他们展示其历史及记忆状态的独特回忆。这里并非想要评价"世界记忆"项目，而是希望以历史研究者的角度展示些许有趣的现象，即以这种方式或其他任何方式构筑全球记忆的结果及展望。

二　何为世界记忆项目？

1992 年，塞尔维亚民族主义者围攻波斯尼亚文化机构，几乎
毁灭了所有波斯尼亚历史的记录。在此之后，联合国教科文组织世
界追忆项目应运而生，以广泛保护人类的历史文献。更为著名的
"世界遗产项目"（World Heritage Programme）则关注全球旅游盛
行的背景下富有商业价值的历史遗迹与自然风光的保护。而世界记
忆项目则另起炉灶，由联合国教科文组织信息交流部负责实施。
《世界记忆：基本准则》（*The Memory of the World*：*General Guide-
lines*）2002 年修订版将"世界记忆"定义为"被记录下来的、全
体人类的集体记忆——他们的文献遗产——占了世界文化遗产的很
大一部分。这类的记忆展现了思想的演变，发现之旅以及人类社会
之成就，这样的记忆是历史留给现在与未来世界社会的宝贵遗
产。"（联合国教科文组织，2002）

　　"世界记忆方案"的目的有三：其一，"以最适宜的方式加强
世界文献的保护"。其二，"是人人得以一睹文献之姿，包括制作
网络数字版文档、目录和书籍、CD 光盘、DVD 光盘及其他相关产
品，从而尽可能广泛出版、平等分配文献资源。若文献有保管人，
则需经其允许，方可阅览。谨识律令及其他阅读文献的限制。尊重
文化敏感度，包括取阅受到地方社区看护的文档资料等。法律保护
私人财产权"。其三，"在全世界增强对文献存在价值和意义的认
识"①。

① 参见 http：//portal. unesco. org/en/ev. php – url _ id = 37902&url _ do = do _ topic&url_ section = 201. html。

"世界记忆项目"专家阿布德拉奇兹·阿必德（Abdelaziz Abid）在《教科文组织信使》（*UNESCO Courier*）月刊（2007年第5期）的一次访问中总结道：

立项伊始，该项目就定下保护濒危文献、使体现人类历史的文档资料获得更广泛关注的双重目标。然而，支持此项目的人很快就发现他们面临的矛盾：由于广泛细致的保护，最重要的文献资料安然无恙；名不见经传的文档收藏反而濒临灭迹。因此，1997年"国际注册处"建立，用以调和两者间的矛盾。每隔两年，最具人文意义代表性的文献资料就会列入表单。与此同时，我们开始采取措施，保护尤其值得关注的文献。因为我们的主要目的是使这些资料提供给大众，所以，这些措施中包括将文献数据化……文献保存本身并非其自身的终结，反而是世界人民能够阅读文献的渠道及必要条件。项目的最终目标是让人们能阅览数字时代来临前被锁藏的珍贵资料。数字化出现以前，多少人有幸亲眼阅读活版印刷①的《圣经》？如今人人皆可阅之。该项目毫不犹豫地采取数字化方法实乃顺理成章，因其不仅仅是保护手段，更是推广良方。

联合国教科文组织的每个成员及成员国都有权提名文献，交予注册处次级委员会评估，次级委员会总监则向"国际咨询委员会"（International Advisory Committee）提出是否批准提名的建议。选择工作以辨别文献真伪及其历史意义的标准为基础，涉及文档资料的唯一性，是否在一段时间或者世界某一文化领域产生过深远影响以及可曾对历史进程有过积极或消极影响，等等。只有符合时间、地点、民族、对象、主题、形式以及风格的一项或几项标准，其世界历史意义才得以彰显。稀有性、真实度、濒危程度和管理计划是

---

① 此为德国古登堡发明之活版印刷。——译者注

其他需考虑的事项。

通过将某些"文献"归为"遗产",古今之间的联系得以维护。实际上,文献的保护工作需要永不懈怠的努力。保护这些遗产与其说是与过去有关,倒不如说更关乎未来。这些文档资料代表了另一扇应该开启的理解之门,但事实上必须作出决断,放弃某些资料,否则筛选过程将永无尽头。让我们再次回到世界范围内的文档保存与防止大规模"集体失忆"现象发生这一主题上来,可见文献的扬弃、探求文献的本质和特点、数字化传播完成了"世界记忆"项目的进程。因此,构建有自身历史保护责任意识的全球社区与全球记忆理应齐头并进。

三　卓著成效

通览 1997—2007 年"国际注册表单"(International Register)所列的文献,国家与国际回忆中颇有一些共通之题。下列文档描述均从"提名表"(the Nomination Forms)中摘录,可于联合国教科文组织网络首页阅读。这些文献均选为对应主题的范例。

其一,决定现今国民身份与人类文明的记忆可称为"教化过程"(civilizing process)。最能表现这种记忆的书面资料与国家语言和宗教密切相关,其囊括全局,维度全面,蕴涵某领域专业知识、哲学实践以及绘画、音乐和写作等艺术。

1. 语言

虽然曾经的土耳其希泰帝国实际上只有两种语言——希泰语和阿卡德语——占主导地位,但其楔形文字板显示,该帝国曾存在 8 种不同的语言,这也说明了其多语的本质。黎巴嫩曾经展示过公元前 13 世纪比布鲁斯国王阿希雷姆石棺以及其他带有腓尼基字母的器物。腓尼基字母被誉为"世界所有字母之典范","黎巴嫩对人类作出的最伟大贡献。所有国家立即采用这套新字母系统，从而使其于人类科学领域根基深稳，宗教、科学及文化均以其为载体。正如一位黎巴嫩思想家所言，没有腓尼基字母就没有数字化的诞生。"

　　韩国的国语字母表可以追溯至 1446 年印行的《训民正音》(*The Hunmin Chongum*) 手稿，这份稿件包含并传播了朝鲜王朝 (1418—1450) 第四位君主世宗大王 1443 年完成的朝鲜字母表，今天其被称为 han‑gal。1292 年的泰国 Ram Khamhaeng 王碑文则是第一份用泰语写就的文稿。沙特阿拉伯出土的公元 644 年伊斯兰语（库法语）碑文乃世界上最古老的阿拉伯语文本。4 份菲律宾古抄本，或者称菲律宾梵语 "音节表" 代表了西班牙殖民时期以前该国的书面语言，体现了其与印度文明的文化渊源。现藏于亚美利亚首都埃列温 Mashtots Matenadaran 古本科学研究所的文献全集包含 1.7 万份囊括亚美尼亚古代与中世纪科学文化成就的手稿，现已列入 "世界记忆" 项目注册表单。事实上，该研究所是以公元 405 年亚美尼亚字母表发明者教士马什托茨 (Saint Mesrop Mashtots) 命名的。

　　现藏于奥地利国家图书馆的 Papyrus Erzherzog Rainer 为 18 万份蒲草纸钞本，其由公元前 1500 年（埃及死亡之书成书时间）至公元 1500 年（希伯来文版哈加达印行）流传于埃及的写作文稿与所用语言组成，其中的埃及语言形式多变，包括象形文字、僧侣体文字、通俗文字、埃及古语以及希腊文、拉丁文、希伯来文、亚美利亚文、叙利亚文、阿拉伯文。蒲草纸钞本的内容关乎生活的方方面面：文学、学校课文、魔法、宗教、笃信轮回、法律事务、财务状况、军事情形、医药卫生以及书籍、写作，等等。

　　15 世纪出版的斯拉夫族文献以西里尔字母书写，代表了其文化根基。以《苏珀拉瑟尔法典——三月月历》(*The Supra'l Codex—Menology, March*) 之名闻名于世的收藏实为 285 份羊皮纸对开本，以古教会斯拉夫语著述，运用如今仍保存于波兰、俄罗斯联邦及斯洛文尼亚的古西里尔大写字母书写。此乃说明斯拉夫族超越国界之身份认同的铁证之一。而斯拉夫族同源的另一证明则是现藏于斯拉夫图书馆的《1918—1945 年间俄国、乌克兰及白俄罗斯移民期刊全集》。

某种古语存在最显著的证据可以从《墨西哥古抄本集》（*Collection of Mexican Codices*）、16 世纪瓦哈卡谷侯爵古抄本和档案、"*Codex Techaloyan de Cuajimalpaz*" 及 "*Colección de Lenguas Indigenas*" 中一览无余。上述古本均来自墨西哥，包含了西班牙殖民时期以前墨西哥用图画与制图交流描写的土著语言。

在非洲，南非的《布里克全集》则由关于闪语（布希曼族语言）和布希曼民族学的研究论文和相片簿组成。为了能记下 Xam 语的吸气音和声响，布里克（Bleek）发明了该种语言的音标，至今仍为语言学家使用。这些资料对于窥测古人的语言、生活、宗教、神话、民俗和故事有着不可估量之意义。

2. 宗教

一些作为民族遗产的宗教文本也属于全球记忆，例如，有来自阿尔巴尼亚的《圣经》和基督教文献、德国的《古登堡版圣经》（*The Gutenberg Bible*）、塞尔维亚的《米罗斯拉夫福音》（*The Miroslav Gospel*）、俄罗斯联邦的《西特罗渥福音》（*The Khitrovo Gospel*）以及瑞典（18 世纪作为基督教基础的）《史威登伯格全集》等不同版本的圣经和基督教文本。尽管《本地治里萨伊瓦手稿》（*Buddhist Scriptures*）和《俱吠陀》（*The Rigveda*）涉及印度教，但韩国"木板印刷《大藏经》（*Tripitaka Koreana*）以及零散佛经（miscellaneous Buddhist scriptures）"显示了佛教当时在高丽的重要性。

斯洛伐克的《巴沙吉奇伊斯兰手稿集》（*Basagic Collection of Islamic Manuscripts*）代表了伊斯兰教的影响。坦桑尼亚的《阿拉伯语手稿与书籍全集》（*Collection of Arabic Manuscripts and Books*）中

书籍与手稿有 800 多份，其中一些有 300 多年的历史。它们展示了在桑吉巴与东非的伊斯兰教、阿拉伯文学修辞以及历史观念的方方面面。乌兹别克斯坦的《奥斯曼穆沙夫圣古兰经》（*Holy Koran Mushaf of Othman*）是现存最早的《古兰经》（*The Koran*）书写版。据说下令编纂书写版《古兰经》的哈里发·奥斯曼三世（*The Third Caliph Othman*）在阅读该书时被人刺杀，而他的死也加速了导致穆斯林社会分野的逊尼派与什叶派分裂的发生。数学、医学与解剖学是奥斯曼王朝中伊斯兰教科学的核心学科，这在斯洛伐克，藏于坎迪利天文台和地震研究所的土耳其文、阿拉伯语和波斯语手稿中可见一斑。

3. 医学

像医学等具体知识的实例包括奥地利的《维也纳百草纲要》（*Vienna Dioscurides*）以及保存在亚洲研究所的印度《泰米尔医学手稿集》（*The Tamil Medical Manuscript Collection*）。这些文稿均反映了古代瑜伽练习者行医用药的古老体系。这一体系也解释了如何从草药、药草根、叶子、花、树皮、水果等物中提取药物成分。阿塞拜疆也有一份重要的中世纪药物与制药学手稿集。

4. 作家与文学

一批大作家也在此名垂千古：西里尔·莱昂内尔·罗伯特·詹姆斯（Cyril Lionel Robert James）、1992 年诺贝尔文学奖获得者德里克·沃尔科特（Derek Walcott）、瑞典的阿斯特利德·林格伦（Astrid Lindgren）、塔吉克波斯语作家乌拜德·萨克尼（Ubayd Zakoni）、亨利克·易卜生（Henrick Ibsen）、安徒生（Andersen）、哈萨克斯坦的霍贾·艾哈迈德·亚萨维（Khoja Ahmed Yasawi）以及歌德。

5. 音乐家

表单上登记了 192 份关于弗雷德里克·肖邦（Fryderyk Chopin）的生平及作品的书面文献以彰显其"永和的、普世的价值"。

关于贝多芬（Ludwig van Beethoven）、勃拉姆斯（Brahms）、舒伯特（Schuber）的文献数量也与肖邦大致相同。

6. 哲学家

哥德弗里德·威廉·莱布尼茨（Gottfried Wilhelm Leibniz）、阿巴达拉赫·以布恩·阿尔哈散·以布恩·阿尔阿·以布恩·斯纳〔（Abdallah Ibn al Hassan Ibn al Ali Ibn Sina），该作者的拉丁名为阿威森纳（Avicenna），此为其更为人知的拉丁语名，原名略〕以及丹麦的祁克果（S？ren Kierkegaard）均因其全球影响而为人所敬仰、记忆。

其二，"世界记忆"项目包含的文献可以根据文化多样性与文化表达分类。文献一般是书面形式，但表达模式却可以丰富多样，尤其是通过录音和录像更为突出。

中国的《纳西东巴古代文学手稿》（*Ancient Naxi Dongba Literature Manuscripts*）则让人们了解到纳西族人民如何运用特殊的象形文字创造书写体系，从而赋予其习俗以声音。能够阅读东巴经文与文学的大师只剩下几位了。

全世界 14.5 万多种代表各种文化遗产的音乐唱片，以爱迪生音标符号（Edison‐phonograms）、模拟信号以及数字信号等完全不同的声音载体加以灌制，构成了柏林民族博物馆、柏林国家博物馆、德国普鲁士文化遗产基金会音乐科的重要组成部分。中国中央音乐学院音乐研究所也保存着囊括中国 50 多个民族传统音乐与民间音乐的中国传统音乐全集。

乌拉圭的《卡洛斯·加德尔——奥拉西奥·洛丽恩特原音全集（1913—1935）》〔*Original records of Carlos Gardel‐Horacio Loriente Collection*（1913‐1935）〕和玻利维亚、哥伦比亚、墨西哥及秘鲁的《美洲殖民乐集》（*American Colonial Music*）虽被认为有世界性艺术价值，但却不为人知。

早期的电影《凯利帮传奇》（*The Story of the Kelly Gang*）

（1906）、《大都会》（*The Metropolis*）以及《绿野仙踪》（*The Wizard of Oz*）堪称文化界此类作品中的经典之作。

其三，因为各个国家都提名标志性文献，所以许多文本资料可依据"国家意识形态、实践活动以及国家构建"分类。例如，法国的《人权及公民权宣言（1789—1791）》［*The Declaration of the Rights of Man and the Citizen*（1789 – 1791）］以及中国自隋朝（公元581年）以来不断演进的官员选拔制度，即著名的"清代科举大金榜"（Golden Lists of the Qing Dynasty Imperial Examination）。日本、高丽、越南在纷纷效仿科举制，甚至欧洲访问中国的外交使臣回欧洲后也在一些国家根据中国科举模式实行了考试制度调整，其国际影响可见一斑。科举制也深刻地影响了许多殖民地及继承国的公务员选拔体系。清代内阁大学士关于17世纪西方传教士在华活动的记载也为"西学东渐"翔实的第一手记录。朝鲜王朝王室调查书（Uigwe）反映了君主统治下高丽的国家礼仪。

1. 政治领袖

特立尼达和多哥巴岛首相艾瑞克·威廉姆斯博士（Dr. Eric Williams，1956 – 1981）与巴基斯坦建国者穆罕默德·阿里·真纳（Mohammad Ali Jinnah）的论文集以及委内瑞拉的西蒙·波利瓦（Simon Bolivar）的作品除了其国家价值外，也被公认为具有国际影响力。

2. 民主制度

民主制度的发展是一个与几部近代史"文献"息息相关的主题，这些文献包括：新西兰的《1893年妇女选举权请愿书》（*The 1893 Women's Suffrage Petition*）、《格旦斯克1980年8月团结工会的21条要求》（*The Gdansk Twenty – One Demands of the Solidarity*）以及澳大利亚的《菲律宾人民权利革命广播稿》（*Radio Broadcast of the Philippine People Power Revolution*）。

其四，还存在一种"战争与外交记忆"（Memory of War and

Diplomacy），例如影片《索姆河战役》（*The Battle of the Somme*）就记录了第一次世界大战中的关键一役，这也是世界上第一部战争题材的长篇纪录片。1066 年的黑斯廷斯决胜之战历史意义重大，实为军事征服，这在法国电影《拜约挂毯》（*Bayeux Tapestry*）中被刻画得淋漓尽致。《1814—1815 年维也纳会议的最后文件》（*The Final Document of the Congress of Vienna of* 1814 – 1815）则记录了拿破仑战争后欧洲政治版图如何分布，展现了政治力量重新达到平衡的全过程。

其五，"奴隶制记忆"（The Memory of Slavery）在许多国家中仍然反响强烈。例如现存于巴贝多博物馆及历史社团的《加勒比奴隶文献》（*Documentary Heritage of Enslaved Peoples of the Caribbean*）就是关于 17—19 世纪加勒比奴隶生活的一组文档资料。哥伦比亚的《黑人奴役档案》（*Negrosy Esclavos archives*）内含 16—19 世纪早期，位于新格拉纳达王国（即 Neogranadino，今哥伦比亚加勒比海沿岸）主要奴隶买卖港口卡塔赫纳的奴隶贸易与奴隶制的相关信息。这部含有 55 份文件的全集不但与哥伦比亚的奴隶制有关，还涉及巴拿马、委内瑞拉、厄瓜多尔的奴隶交易，是极为广泛的奴隶贸易计划的一部分。

其六，殖民记忆与许多新兴国家密切相关。《法国占领毛里求斯之记录》（*The Records of French Occupation of Mauritius*）、《葡萄牙大发现手稿集》（*The Collection of Manuscripts on the Portuguese Discoveries*）以及记录 1895—1959 年殖民时期法属西非和 17—18 世纪荷属东印度公司（简称 VOC）情况的文档均包含该种记忆。"世界记忆"的项目承认，VOC 文档可以提供最完整、翔实的资料来补足任何地方的早期现代世界史记录……研究 VOC 文档将融合历史叙述手段，把国家、地区的历史共同置于区域间，甚至是全球化的背景之下。

贝宁（Benin）的《殖民档案》（*Colonial Archives*）展现了

"殖民者与殖民地人民之间、西方文化与非洲文明之间的冲突，它颠覆非洲政治，破坏经济，撼动社会结构，扰乱传统纽带并重塑文化表达和真实文明标准的模式"。《德国国家文档记录》（*German Records of the National Archives*）则反映了"繁荣时期"大部分欧洲列强忙于蚕食非洲的情形。在此期间，许多事件接踵而至，使非洲面目全非，而这些变化只有参考这些文献才能一窥全貌。此中包括德国东非殖民地坦噶尼喀分裂为如今的坦桑尼亚、卢旺达和布隆迪的内幕。

库克（Cook）亲笔书写的《詹姆斯·库克奋进期刊》（*The Endeavour Journal of James Cook*）是他 1768—1771 年间乘"奋进"号在太平洋进行第一次探索之旅时的文件正本。这本书也成为英国殖民澳大利亚以及澳洲土著民族——世界上幸存的最古老文化——悲惨命运的铺垫，因为根据英国法律，土著居民不应存在（据"无主地"原则）。

其七，众多国家都有"为正义而奋斗"的经历。澳大利亚的艾迪·马勃（Eddie Mabo）是一位土著行动主义者，1992 年澳大利亚高等法院成立推翻了"无主地原则"（The doctrine of "terra nullius"），马勃的努力终见成效。此项判决影响了土著居民的地位及土地所有权，甚至波及种族关系，这对澳大利亚的法律及立法方案产生了深刻变化。在世界史上，像马勃案这样不顾政治、经济影响，正式承认业已存在的部落法高于"侵略"文化的根本法的情况极其少见，这也是该案的意义所在。

南非"刑事法院 1963 年第 253 号案（国家与尼尔森·曼德拉和其他民主运动者对峙）"赋予了尼尔森·曼德拉在被告席向广大群众宣告非洲国家联盟的努力方向与最终目标的机会。这起法庭诉讼使罗宾岛领导人——如尼尔森·曼德拉及其他——身陷囹圄，直到1990 年才释放出狱。南非和其他南部非洲国家，如安哥拉、莫桑比克以及纳米比亚的重大事件纷纷被拍摄成影片，从而衍生出《追求自由之真实档案集》（*Liberation Struggle Living Archive Collection*）。

其八，与当代史更加密切的是"政治迫害与政治创伤记忆"。阿根廷、玻利维亚、巴西、智利、巴拉圭及乌拉圭的安全局曾秘密绑架、折磨、暗杀数以万计的拉丁美洲人民，这些受难者的悲惨命运于《恐怖档案》（*Archivos del Terror*）中均有记录。这就是臭名昭著的"秃鹰行动"（Operation Condor）。这份"恐怖档案"显示，5万人死于暗杀，3万人失踪，40万人入狱，并用这些事实来指控前军事官员。智利的《人权档案》（*Human Rights Archive*）则收集了一些人权组织持有的相关文档，这些文档包括图片册、录音带、录像带、剪报资料和其他文献，它们记录了智利军事独裁时期（1973—1989）政府当局侵犯人权之行径。

其九，还有一些文档记录了早期"资本主义企业和公司"的运营情况，如加拿大哈德逊海湾公司的文档，比利时 Officina Plantiniana 商业档案以及丹麦海外贸易公司档案等均属此类。

以上九组即为当今各国极其重视的各种记忆。尽管其间有相似性，但除了都具有奴隶制与殖民化的记忆之外，各种记忆间并无明显的联系。

四　深度剖析

"世界记忆"项目很可能成为"历史撷取之记忆"（memory seized by history）（Nora，2006）的范例，或者说是历史以记忆的方式加以表现。尽管记录在案的文档仿佛代表着集体记忆，但永恒不变、无以记录的记忆精髓在大部分情况下却丧失了。并且直到最近，社会记忆与世界史真正全球化的倾向才逐步清晰。最近一项世界教科文组织委托进行的亚太地区"世界记忆"项目发展报告显示，（截至 2006 年）在 120 个国际"世界记忆"项目注册在案的项目中，仅有 26 个来自于亚太地区（与欧洲的 63 个形成鲜明对照）。（世界记忆项目亚太地区委员会主席雷·埃德蒙森（Ray Edmondson）2007 年 5 月 5 日披露）这种记忆"失衡"（inequality）可以归因于欧洲是近代历史进步的引擎，所以，欧洲各国历史重视的事件对整个世界都有影响。包括安德烈·冈德·弗兰克（Andre Gunder Frank）在内的一些学者指出，应该呈现更加完整的世界史版图，他们也做出了相关努力（Frank，1998）。

因此，学者们进行了下列探索：

（1）"事件史"（evenementielle history）强调，历史是以震撼的历史事件、事件约束实践、重要历史人物、政治领袖、战争战役、条约情愿的形式存在，而这正是"世界记忆"项目所采取的方式。"这种形式的历史从经验而言应是有根有据、客观真实、科学可靠的。"（Rosenau，1992）

（2）"记忆"有一定的顺序或状态。人们更加青睐以书面记录为依据的记忆。因此，没有某种有形的存储方式或"载体"作为"历史事件"实际存在的客观明证，历史或记忆是不能存在的。证明载体唯一性与独特性是"世界记忆"项目筛选过程中的重要部分。社会记忆无法存在于拥有有形纪念物的人类经验之外。

（3）人类生活纷繁多面，要呈现全部的世界史几无可能。无论我们做出何种表述，总会不经意间遗失重要的构成部分。这不是因为知识的匮乏，而是由于证据的奇缺、筛选过程与标准的不一以及对史实的矛盾解释。"世界记忆"项目试图包罗万象，但由于其坚持需要物质实证与全球性的影响，许多边缘团体的"过去"将无缘全球史。科学框架阻塞了项目纳入口头历史的诉求渠道，甚至像伊曼努尔·沃勒斯坦（Immanuel Wallerstein）世界体系这样的社会科学概念典范都无法给予语言及书写体系的发明一席之地。

（4）"世界记忆"项目成功地促进了全世界文案库与图书馆更

好地保管藏有的重要文件及手稿，这是其成效的最佳体现。它也提高了对稀有收藏，尤其是对音像记录的关注度。

五　可能性与偏见

据哈布瓦赫所述：

近代的记忆并非由于其时间相连而融合在一起，而是因为这些记忆是某个群体共同思想总汇的一部分。当下，我们与这些群体中的人密切相关；过去，我们之间已经有千丝万缕的联系。只要我们视自己处于这个团体的某个方面，便足以使这个团体中的人们知道其利益已为我等接纳，其思想为吾辈追随……正如同人们同时在许多不同的团体中扮演着各种角色一般，相同的史实也可置于缘于不同的集体记忆的各个框架之内。

"世界记忆"项目依靠作为集合体的联合国教科文组织成员国的数据输入以及各集合体之间具体的关系类型，尤其是语言学、宗教、种族与商业的关系，正致力于辨别"不同的集体记忆"，并将其重新分配至全球框架之中。作为一个团体，联合国教科文组织成员国共有的"思想汇总"是和平长存、人权保护及文化多元等普适理想，在此不再赘述。只有在这种背景下或者其他准则中，如记忆需要有形实体佐证，集体记忆才能具有意义、互相关联。因此，记忆在此处终止，历史继而代之。

康纳尔顿（Connerton）提醒道：

我们应把"社会记忆"同更加具体的实践——最好称做"历史重构"加以区分。对过去所有人类活动的了解都是通过探访其遗迹而完成的……历史学家的焦点在于古人的遗迹，即无法一窥全豹的事件现象遗留下的可感知的标识。仅仅是将这些标识看做过去的痕迹与明证就已经超越了单单阐述这些标识自身的阶段；视一件事物为证据即是阐释另一事物的过程，即其采纳作为证明的另一事物（Connerton，2007）。

　　尽管将全球史阐发为文明史或民族诞生史并非"世界记忆"项目的本意，但"文献"筛选过程主要基于对组成国家身份的元素的阐述，这就使其偏离了航向。尽管布劳德尔（Braudel）知识渊博且清楚分辨了独立与连锁的经济体系，但由于笃信自然环境与人们如何利用自然的决定性力量，他冒失地把文明划分为"欧洲外文化"与"欧洲文化"两个实体。如果我们不仔细区分，就会重蹈布劳德尔之覆辙。现代科学技术发展的影响冲昏了布劳德尔的头脑，他总结道："欧洲与非欧洲部分的对比是一切阐释世界本质的严肃试验的根本所在。"（Braudel，1993）"世界记忆"项目全集显示布劳德尔本应考虑的殖民化、战争和奴隶制等主题均被其遗漏，到底是有意为之还是无心之失还有待商榷，但这的确对欧洲"文明"的道德实践（the moral practice of European "civilizations"）提出了疑问。

六　结语

　　"世界记忆"项目反映了试图阐释全球人类发展的教育者的尴尬境地。理查德·特迪曼（Richard Terdiman）认识到：

　　……一方面，往昔（被保护了的记忆）占主导地位，牵制着我们，另一方面，回忆往昔（联想记忆）或阐释往昔的方式千变万化、互不协调，过多的回忆则会让我们停滞消亡（Terdiman，2003）。

　　幸而，信息技术时代来临，世界、社会才能够通过"世界记忆"项目网站来铭记过去、追忆往昔。这些网站为我们把以往活动的遗迹分门别类，能让关注这些遗产的广大观众一览无遗。

　　"世界记忆"项目对于大众的教育利益来说也有很深远的影响。首先，它以前所未有的方式强调、突出具有重大历史意义的档案资源。倘若有人要比较"文明的源头"（sources of civilization）（Johnson and Halverson，2004）和"世界记忆"项目已收录在案的文献，他就既能看到全球范围内丰富的文档，也能阅览迄今仍徘徊在世界文明研究之外的一些民族的资料。其次，通过将图像和声音视作社会生产的本质部分，我们可以更加全面地去明白了解过去。最后，"文献"的时间跨度既可溯至遥远过去，又可直达"冷战"之尾与 20 世纪 80 年代民主制胜利的现代。

　　这种保存记忆，乃至构筑全球历史的尝试得到了像格尔达·勒纳（Gerda Lerner）这样的专业历史学家的认可，他 1982 年写道：

　　……历史不仅仅是集体记忆，它是一种不断塑造以致意义丰富的记忆……为满足人们的各种需要，历史兼具如下功能：

　　（1）历史是一种记忆，亦是个人身份的源泉。作为一种记忆，历史使先民的经验、事迹与思想存活于今……它充当着不同时代的纽带并使逝者成为人们竞相模仿的英雄与楷模。

　　（2）历史是一种集体的永恒……

　　（3）历史是一种文化传统……

　　（4）历史是一种阐释……（Lerner，1982）

　　如今人们很少相信历史的作用，并对其运用信心也不足，但对历史作用和其用处的信心恰恰是非历史学家对学历史的学生以及历史老师所期望的。

历史研究的作用之一极有可能是构建具有统一记忆的全球社会。"世界记忆"项目并未强调这一点。此处，保护世界史"遗迹"并将其存在与内容公之于众才是焦点。历史知识的发现、鉴别与传播才是既定目标。尽管历史知识被称做记忆，但它在某种程度上也是正式重建全球记忆的重要成果。

另一个问题是，收集所有集体记忆之后又如何代代相传呢？据康纳尔顿所说，倘使社会记忆真的存在，我们就有可能在纪念仪式中寻访其踪迹。"它们以对过去事件的描述性阐释存在于人们的脑海中。"同样重要的是，"我们的身体……也以持续运用某些技能的能力作为极为有效的形式将往昔的经验储存起来。"（Connerton，2007）这些"身体机能"（bodily practices）包括社会分层和与此相关的日常生活中习以为常的口语、手势的运用（康纳尔顿，2007）。

假设康纳尔顿是正确的，那么我们就可以预见，除非"世界记忆"项目举行纪念活动，并且联合国及其成员接受了这种集体记忆，并在某种程度上将其统一融合进组织实践中，否则该项目网站上将只有与世界社区某些部分相关的历史"遗迹"。我们能够期待的最好结果也只能是强调"文献"及其历史意义的公众教育。虽然构筑有个人回忆可考的文明的全球社区仿佛并不如"拯救文明"免遭贫穷与食品短缺威胁更迫在眉睫（Brown，2007），但是，至少我们能够更加了解，我们到底在试图拯救何种文明。

参考文献

Braudel, Fernand, *A History of Civilizations*, New York：Penguin Books, 1993.

Brown, Lester R., *Plan B. 30, Mobilizing to Save Civilization*, Jakarta：Yayasan Obor Indonesia, 2007.

Connerton, Paul, *How Societies Remember*, Cambridge：Cambridge University

Press, 2007.

Frank, Andre Gunder, *Reorient: Global Economy in the Asian Age*, Berkeley, Calfornia: University of California Press, 1998.

Halbachs, Maurice, *On Collective Memory*, Chicago: University of Chicago Press, 1992.

Johnson, Oliver A. and Halverson, James L. , *Sources of World Civilization*, New York: Pearson Prentice Hall, 2004.

Learner, Gerda, "The Necessity of History and the Professional Historian", in *The Journal of American History* 69 (1) (June 1982): 7 - 21.

Nora, Pierre, Between Memory and History Les Lieux de Memoire, in *Regimes of Memory*, ed. Susannah Radstone and Katharine Hodgkin, 284 - 301, London and New York: Routledge, 2003.

Radstone, Susannah and Hodgkin, Katharine, eds. *Regimes of Memory*, London and New York: Routledge, 2003.

Rosenau, Pauline Marie, *Post -Modernism and the Social Sciences*, Princeton, New Jersey: Princeton University Press, 1992.

Terdiman, Richard, Given Memory: On Mnemonic Coercion, Reproduction and Invention, in *Regimes of Memory*, ed. Susannah Radstone and Katharine Hodgkin, 186 - 201, London and New York: Routledge, 2003.

UNESC, *Memory of the World: General Guidelines* (Revised edition 2002. Prepared by Ray Edmondson), Paris: UNESCO, 2002.

UNESCO, Memory of the World: http: //portal. unesco. org/ci/en/ev. php - url_ id = 1538&url_ do = do_ topic &url_ section = 201. html.

[本章作者　汝加亚·阿卜哈廓尔恩（Pujaya Abhakorn）]

作 者 简 介

张俊华 （Zhang Junhua）
博士，浙江大学公共管理学院政治学系教授
Professor, P. h. D. Department of political Science of the College of Public
Administration, Zhejiang University

玛丽－克莱尔·拉发布勒 （Maric－Claire Lavabre）
法国政治研究中心主任、教授
Prof. Ph. D. , research director Centre for Political Research （CEVIPOF）

克里斯多夫·R. 休斯 （Christopher R. Hughes）
博士，伦敦政治经济学院教授
Professor, Ph. D. London School of Economics and Political Science

克里斯迪安·古德胡斯 （Christian Gudehus）
博士，跨学科记忆研究中心主任，高级人文研究院
Ph. D. , Director of the Center for Interdisciplinary Memory Research/Institute
for Advanced Study in the Humanities

王斑 （Wang Ban）
博士，斯坦福大学教授
Professor, Ph. D. , Stanford University

西井凉子（Nishii Pyoko）

博士，东京外国研究大学副教授，亚非文化语言研究院

Dr. Associate Prof. Institute for the Study of Languages and Cultures of Asia and Africa（ILCAA）at the Toykyo University of Foreign Studies

克里斯蒂安·哈特奈克（Christiane Hartnack）

博士，奥地利多瑙河大学

Ph. D. Danube University Krems

汝加亚·阿卜哈廓尔恩（Pujaya Abhakorn）

清迈大学人文部历史系教授，联合国教科文组织世界记忆项目委员会亚太地区"善意保护人"

Department of History, Faculty of Humanities, Chiang Mai University. The "Goodwill Patron" of UNESCO Memory of the World Program Committee for Asia/Pacific